KB143614

소통과 평등을 사유한 사상가

담사동

유학사상가 총서시리즈 中國 소통과 평등을 사유한 사상가

담사동

이명수 지음

 성균관대학교 출판부

※ 이 저서는 2007년 정부(교육과학기술부)의 재원으로 한국연구재단의
지원을 받아 수행된 연구의 성과물임(NRF-2007-361-AL0001).

| 들어가는 말 |

유가 철학은 그 개조 공자(孔子)가 제시한 인(仁)에 대한 실천의 문제를 두고 시기와 지역에 따라 다른 특색으로 전개된 학문 과정이다. 따지고 보면 한대의 유학도 그랬고 송명대의 이학(理學)도 또한 그랬다. 청대의 이른바 고증학도 물론 그랬다.

그런 점에서 유학은 인학(仁學)이다. 그리고 또한 실학이다. 모두 다 공자의 가르침을 따라 추상적인 것보다는 현실적인 문제를 다뤘다는 점에서 그렇다. 공자는 괴이한 것, 용력(勇力), 패란(悖亂)의 일, 신(神) 곧 이치의 올바름이 아닌 것 등을 말하지 않았다.[1] 상식이 통하는 것, 평화, 사람의 문제를 논했지 그 반대의 맹목적인 것이나 허무맹랑한 것에 대한 것은 아예 관심 밖이었다.

이러한 인(仁)을, 우리는 그저 '어질 인'으로만 알고 있다. 이 '어질 인'은 단순한 것 같지만 매우 중요한 의미와 생명력을 갖고 있다. 그 자체에 이미 건강한 생명력이 내포되어 있다. 본래적으로 온 세상의 못된 현상들에 대한 해결책에서 나온 인(仁)의 함의를 모른 채, 또 다른 이 시대 사람들은 사회 현상의 잘못된 측면

---

1 『論語』「述而」: 子不語怪・力・亂・神 참조.

들을 치유하는 데 이 인(仁)을 보태어 쓰지 않고, 대뜸 '유교'라는 쓰레기통에 넣는다. 사회사업가, 여권운동가, 무슨 무슨 연대 등등, 그들이 진정 따뜻한 가슴으로 이 세상을 변화시킬 수 있으려면 '쓰레기통'에 들어간 생명의 가르침을 꺼내 쓰는 일이 합리적일 것이다. 수천 년을 두고 진행되어 온 이 가르침은 그때 그때 다른 모습으로 세상 변화의 관심, 이념 그리고 방향으로 채워져 왔고, 그것들은 '너무나 인간적인 노하우'의 가능성을 내포하고 있다.

당초 공자가 『논어』에 100여 번에 걸쳐 인(仁)의 여러 함의(含意)를 제자들에게 설파하면서 시대의 난맥상을 해결하려는 면모에는 '무척 따뜻함'이 배어 있다. 유학은 기본적으로 상대의 타자성 또는 그 인식을 통한 배려의 철학이다.

첫째, 공맹순과 송명이학은 욕심스런 '나'에 주목한다. 그리하여 인간을 몸과 마음으로 나누어 대상화하거나 대립시켜 '몸'을 극복하는 과정을 요청한다. 마음이 몸을 이겨내지 않으면 안 된다는 필연적 임무가 부여된다. 따라서 특히 송명이학에는 수양론이 강하게 대두되는데, 무엇이 과연 이성적인 행위인가라는 성찰의 공간은 그만큼 넓다. 그렇지만 개인의 덕성 함양을 지나치게 강조한 나머지, 도덕과 무관하게 돌아가는 바깥 세상을 보는 시야는 오히려 좁아질 수 있다.

둘째, 이른바 고증학, 청대 실학에 이르면 외적 타자에 주목한다. '나' 밖으로 대상을 확대하는 것이다. 송명이학이 욕망에 치달리는 내면을 극복하여 세상을 경륜할 자격을 갖추는 일에 중점을 두었다면, 청대철학은 외적 사실에 보다 주목한다. 직관의 인식 방법에서 벗어나 자료에 의거한 객관사실의 확보에 무게 중심을 옮긴다. 이른바 실증적, 실리적, 시공간의 반경을 넓히는 방향으로 학문관을 돌려놓은 것이다.

셋째, 이들 학파가 내면에 중점을 두든, 외적 현실의 반영을 강조하든 궁극적으로 유학은 타자성의 확보를 고민한 것이다. 우리 앞에 전개되는 숱한 일이나 대상에 대한 올바른 이치의 확보를 사유한 것이다. 배려의 철학인 것이다. 도덕적으로 남을 배려하든, 눈 앞의 현안에 대하여 심각하게 고민하고 거기서 합리적인 것이 무엇인가에 도달하든, 내면으로 파고들든 외면으로 치달리든 적절한 이치에 도달하는 것이 과연 무엇인가에 대한 상황 인식에 관한 것이었다.

차를 몰고 길을 나서다가 "파란 불에 왜 전진하지 않느냐?"고 경보음을 울려대거나 하수구에 담배꽁초를 밀어넣는 시민의 행위를 발견하노라면 '한국은 아직 멀었구나'라고 탄식하게 된다. 이런 상황에서 '나' 아닌 '남'에 대한 배려는 아무리 강조해도 지나치지 않다. 여러 사회 현상이 폐색되어 있어서 경제 성장에 걸맞지 않게 삶의 격조나 질이 후진국 수준에 머물고 있음을 볼 때 '나 이외'의 여러 타자들에 대해서 한번 뒤돌아보는 '참된 여유'가 아쉬운 때이다.

이런 점에서도 인(仁)의 가르침은 여전히 유효하다. 『논어』(「안연」)

에서 "나의 욕심을 이겨내어 예(禮)로 돌아가는 것이 인(仁)이다"라고 하였다. 필자가 개인적으로 무척 좋아하는 말이거니와, 우리 사회의 제반 계층의 구성원들이 욕심쟁이처럼 자신의 이익만을 챙겨먹는 것이 팽배해 있음을 고려할 때 좋은 사회로 가기 위해서라면 이 말은 참으로 시사하는 바 크다고 할 수 있다.

공자의 시대도 수많은 사람들이 '비곗덩이'의 삶을 사는 '하이에나' 같은 존재들이 많았다. 오죽하면 이런 말을 했을까? 내가 먹고 싶은 것과 소유하고 싶은 것을 다 누린다면 남은 뭘 먹고 살고 무엇을 가질 수 있을까? 주는 사람은 없고 챙겨먹기만 한다면 단기간에 어마어마한 산업화를 이룬 한국인에게 격조란 기약할 수 없다. 조선시대가 실패했고, 그 통치이념에 유학이 자리 잡고 있었다는 너무 흔한 선입견은 버려야 한다. 압박과 실패의 기억은, 알맹이는 빼놓고 피상적인 예(禮)의 이데올로기에 집착한 나머지, 세상 변화에 둔감한 위정자들과 성리학적 엄숙주의(Rigorism)에서 벗어나지 못한 유학자들 탓이지 유학 본연의 가르침에 기인한 것은 아니다.

이 책에서 다룬 내용들은 필자의 이런 심사를 일정 부분 대변해 줄 것으로 믿는다. 그렇다고 굳이 아시아 내지는 동북아시아가 오랜 동안 유교문화권이었다는 점을 들먹거리면서 '유교의 참된 가르침을 따르라'고 지나치게 권고하고 싶지는 않다. 세상은 시공간에 걸쳐 너무 복잡다단하게 이미 변해버렸기 때문이다.

그렇기는 해도 공자 '인(仁)'의 함의, 소통성, 시대적 변통이 중국

의 근대에는 어떤 의미로 다가올 수 있을지 담사동이 고민한 것
처럼, 이 시대에 '인(仁)'은 어떤 의미로 취해질 수 있을지 한번쯤
사유해보는 것도 나쁘지 않을 것이라는 아쉬움을 필자는 여전히
갖고 있다.

끝으로, 필자의 이 같은 분야 연구에 관한 큰 가르침을 주신 상
허 안병주 교수님을 비롯한 사계의 제위와, 이 저작의 진행 과정
에서 소중한 학문적 자극을 준 부산대학교 한국민족문화연구소
연구자들에게 감사의 말씀을 드린다.

2010년 5월
금정산 자락 연구실에서
이명수 삼가 쓰다

제 **1** 부

청대 실학과 담사동의 사상

제1장 청대 사상의 흐름

유가철학의 단초는 공자가 집대성하였다는 경전에 있다. 그 뒤 그의 가르침은 맹자 그리고 순자 등에 의해 발전되었는데, 이는 진(秦)나라가 중국을 통일하기 이전의 원시유학 또는 시원유학이라 불리거니와, 선진유학(先秦儒學)이라고도 한다. 법가를 채택하여 유학을 말살한 진시황의 분서갱유 이후에 나타난 한당(漢唐) 유학, 송명 시대에 나타나는 신유학으로서 성리학(주자학)과 양명학, 송명이학이 전개되고, 청대에 이르면 이전의 유학에 대한 또 다른 현실적 반성으로서 고증학, 청대 실학이 전개된다.

그런데 송명이학의 반동으로서 청대 실학은 인간 심성 문제의 심화 단계인 주자학적 학문 전통에 특히 회의한다. 그 전개의 갈래는, 첫째, 황종희(黃宗羲, 1610~1695)나 왕부지(王夫之, 1619~1692)와 같은 명청(明淸) 교체기 유로(遺老)들의 사상, 둘째, 대단이왕(戴段二王), 곧 대진(戴震, 1723~1777) · 단옥재(段玉裁, 1724~1815) · 왕념손(王念孫, 1744~1823) · 왕인지(王引之, 1766~1834) 부자 등에 의한 고증학, 셋째, 청대 중엽의 장존여(莊存與, 1719~1788)나 유봉록(劉逢祿, 1776~1829)으로부터 비롯되어 강유위(康有爲, 1858~1927), 담사동(譚嗣同, 1865~1898) 그리고 양계초(梁啓超, 1873~1929)로 이어진 금문경학(今文經學)의 공양사상으로 구분할 수 있다. 이들은 모두 공자 가르침의 본질이 쇠미해졌다는 문제의식에서 남다른 소회를 피력한 것이다.

청대 실학의 첫 단계인 황종희나 왕부지는 명청 교체기에 경(經)에 통달하여 실용적 쓰임새를 이룩한다는 '통경치용(通經致用)'이라는 현세적 관심사로 가득 차 있었다. 청대 실학의 두 번째 단계인 대진 ·

단옥재·왕념손·왕인지에 의한 고증학 전성기는 단연 대진에 의하여 그 정점을 맞는다. 이때 신비주의적이거나 '이(理, 이치)'에 치중하는 사변에서 벗어나 실증적 학문 경향으로 나아간다. 강한 반주자학적 학문 성향을 보이면서 한대(漢代)의 훈고학적 학문 풍토와 유사한 이른바 청대 한학(漢學)을 구가한 것이다.

마지막 단계인 청대 실학은 강유위, 담사동 그리고 양계초에 의하여 정점을 이루는 공양사상기에 접어든다. 모두 공자 사상의 현세적 변용을 단행한다. 여기에 불학이나 서구사상을 섞는 혼합주의를 통해 세상 경영에 관한 담론을 풍부하게 하려 시도한다. 한마디로 말한다면 청대 실학 첫 단계인 '통경치용'의 경향을 띠면서 두드러지게 서구 근대 학문을 수용하여 정치, 경제, 사회 문제로 그 관심을 옮겨 갔다.

제2장 청말 사상계의 혜성, 담사동의 '인학(仁學)'

1. 담사동의 생애

강유위, 양계초, 담사동 등은 공히 고증학적 소양을 갖고, 그러면서 현실 문제 치유에 매우 관심을 보이지 않으면 안 되는 과도기에 살았다. 바꾸어 말하면 고증학적 요소를 완전히 벗어나지는 못한 근대전환기에 살았다고 할 수 있다. 이들을 공양사상가라고 부르는 것이 의미하듯 이 시기는 유가 경전인 『춘추』 해석학에 있어, 역사상황이나 시대적 요소를 반영하여 유학적 문제 제기를 하던 때이다.

청대 실사구시의 학의 맥락에서 이해한다면 명말청초의 황종희나 왕부지의 경세치용의 학을 거쳐 대진에 의해 전성기를 맞은 박학(樸學) 곧 고증학 시기를 또한 거쳐서 그 마지막 단계로서 유학의 현실적 의의와 실용, 변용을 문제삼은 때이다. 이때에 이르면 실증적 학문 방법은 물론, 시간과 공간적 상황 속에 학문의 유용성에 대하여 뜻있는 사람들은 고민하게 되는데, 담사동은 그 가운데 한 사람이다.

이 시기에 유학은 이전에 비해 더 이상 순수한 학문으로서 박학일 수 없었고 박학이어서도 안 되는 상황에 도달한다. 당면한 현실 문제를 어떻게 치유하여야 좋은 세상을 만들 수 있을까를 모색하는 다양하면서도 종합적인 방법론을 찾지 않으면 안 되는 단계로 접어든다.

담사동은 독특하게 나름의 사유체계를 개진한다. 그는 때로는 서양의 다양한 자연과학에 대해서도 매우 적극적으로 수용할 것을 요청하기도 하고, 불교와 도교까지도 수용하는 양상까지 보이면서 공자 '인(仁)'의 의미를 매우 현실적으로 사유하고 그것을 어떻게 실천

할 것인가를 모색한다. 양계초가 담사동을 "청말(淸末) 사상계의 혜성"
으로 표현하고 있음을 언급하지 않더라도 그가 중국사상사에 한 획
을 그은 것은 익히 두루 아는 사실이다.

　당초 청말 중국 사회는 서구 열강에 어떻게 대응할 것인가에 대한
해답을 얻기 위해 움직이고 있었다. 그 시작은 양무운동(洋務運動)으로
태평천국운동을 진압한 증국번(曾國藩)은 서양에서 군함과 대포 같은
병기나 기계를 도입하면 강해질 수 있다는 사고에 기초하여 근대화
를 모색한다. 그렇지만 중체서용을 기치로 내건 양무운동은 청불전쟁
(1884~5)과 청일전쟁(1894~5)의 패배로 실패한다. 전쟁에서 작은 이웃나
라 일본에 패했다는 사실은 중국인들에게 큰 충격을 준다. 그와 함께
중국이 약하다는 것을 알아챈 서구 열강은 중국 침략의 기세를 한층
더 높인다. 그러자 중국에서는 식민지로 전락할지도 모른다는 위기감
이 일어난다. 서태후의 쿠데타 후 담사동의 지인들은 그가 도망칠 수
있도록 모든 지원을 아끼지 않았지만, 담사동은 그것을 거부한다. 변
법을 위해 기꺼이 그 자신이 희생양이 되겠다고 다짐한다. 원세개(위
안스카이)의 밀고를 받은 서태후는 1898년 9월 24일 담사동 일파를 체
포하라고 명령했고, 그는 다음날 25일 체포되어 28일 다섯 명의 동지
와 함께 처형된다. 담사동은 베이징 시내의 형장에서 34의 나이에 죽
음을 맞이한 것이다.

　그는 사상가이기도 하지만, 무술혁명의 실패를 맞이하여 "각국 변
법의 경우, 피 흘리지 않고 성공한 적이 없었다. 오늘날 중국에 변법
때문에 피 흘린 사람이 있었다는 이야기를 들어보지 못했으니, 이것
이 나라가 번창하지 못한 이유이다. '변법 때문에 죽는' 그런 사람이
있다면, 나로부터 시작되기를 바란다"[1]고 말하고, 끝내 형장(刑場)의

---

1 梁啓超, 「譚嗣同傳」: 各國變法, 無不從流血而成, 今日中國未聞有因變法而流血
　者, 此國之所以不昌也. 有之, 請自嗣同始.

담사동 (1865~1898)

이슬로 사라진 행동가이기도 하다.

그런 담사동은 『인학』을 쓴다. 이 저작은 애국주의자들에게 커다란 영향력을 행사했을 뿐만 아니라, 20세기 문턱에서 국가 독립을 위하여 그와 함께하였던 추용(鄒容), 양독생(楊篤生), 진천화(陳天華), 추근(秋瑾), 서석린(徐錫麟), 육호동(陸皓東), 우지모(禹之謨) 등 수많은 사람들에게 혁명적 도덕성을 진작시켰다. 후난성(湖南省)이 고향인 담사동은 1865년 3월 10일 학자－신사(紳士) 가문으로 베이징에서 태어난다. 그의 아버지 담계순〔譚繼洵, 일명 경보(敬甫)〕은 그가 태어나기 6년 전 과거시험에서 진사(進士) 벼슬에 올랐는데, 37세에 호부원외랑(戶部員外郎)이 되었다. 담계순은 가족과 함께 선무문(宣武門) 남쪽의 관사에 거주하였다. 담사동이 도착하자 그의 가족은 여섯 식구였는데, 부모 담계순과 서오연(徐五緣), 큰형 사태(嗣胎), 작은형 사양(嗣襄), 큰누나 사회(嗣懷), 둘째누나 사숙(嗣淑)이 그들이었다. 그는 가정교사 필순재(畢純齋)로부터 전통 중국학문에 대한 지식을 얻었는데, 담사동이 「삼십자기(三十自紀)」에서 회고하고 있듯이 때마침 4성(聲)을 구분할 수 있었고 대구(對句)를 지을 수 있었다. 그가 열 살이 되었을 때, 그의 가족들은 북경의 고퇴호동(庫堆胡同)에 있는 유양회관(瀏陽會館)으로 이사한다. 거기서 그는 구양중곡(歐陽中鵠) 밑에서 공

부하기 시작한다. 구양중곡은 학자이면서도 담사동의 본향 유양 출신
이었다. 그는 담사동의 생애를 통하여 밀접하면서도 중요한 관계로 남
을 수 있는, 가정교사 이상이었다. 그러나 그 이후의 사건들이 보여주
듯이, 제자와 스승은 중국을 위한 개혁안에 대해서는 견해를 달리한다.
1875년 봄 담계순은 호부랑중으로 발탁되어 좌량청(坐糧廳) 감독관으로
서 관직 임명을 위하여 북통주(北通州)에 배치되었다. 담사동 역시 그곳
에 가서 아버지와 함께 있었지만 나머지 가족들과 재회하기 위하여 베
이징을 자주 여행하였다.

　그러나 이런 평화로운 시간은 오래가지 않는다. 그 이듬해 담사동
은 생애 첫 번째 가장 큰 시련에 부딪힌다. 북경에서 발생한 디프테
리아 전염병은 그의 여섯 가족들의 목숨을 앗아가 버린 것이다. 그들
가운데 사랑하는 어머니도 끼어 있었고, 그 병 때문에 담사동도 죽
음을 눈앞에 두었지만 기적적으로 3일 후에 치료되었다. 이런 이유
로 아버지는 담사동에게 '부생(復生)'이라는 이름을 지어준다. 그렇지
만 이때 어머니, 큰누나 사태(嗣胎), 작은누나 사숙(嗣淑)을 여읜 것과
그에 대한 아버지의 애착이 멀어진 일은 커다란 타격이었다.

　　내가 소년기에서 장년기로 접어들 때 삼강오륜에서 오는 재앙을 두루
　　경험하였고, 그 고통을 몸서리치도록 맛보았는데 자못 사람이 참아낼
　　수 있는 것이 아니었다. 죽기 일보 직전에 이른 때가 여러 번이지만
　　끝내는 죽지 않았다. 이로부터 나의 생명을 더욱 가볍게 여기고, 홀로
　　된 몸이 남에게 이로움을 주는 것 외에 다시 무엇을 애석해할 것인가
　　생각하였다. 깊이 생각하고 높이 쳐다보면서 나는 묵자(墨子)의 머리
　　끝에서 발꿈치까지 희생하는 '겸애(兼愛)'의 정신을 실천에 옮기기로
　　마음먹었다.[2]

---

2 『仁學』「自序」.

1878년으로부터 1890년까지 그의 아버지는 장수성(江蘇省)의 도대(道臺)였는데 그가 유양에서 배우고 3년에 한 번 있는 향시에 참가하기 위해서는 먼 장수성과 후난성을 잦게 여행하는 것이 필요하였다. 그러나 담사동이 중국의 전통 학문에 관한 기초를 얻기 시작한 것은 이 시기로 그 가운데 하나는 시(詩)에 관한 연구였다. 그의 모델을 찾는 과정에서 그는 이하(李賀, 790~816)로부터 온정균(溫庭筠, 약 812~866)으로, 이백(李白, 701~762)으로, 그때 한유(韓愈, 768~824)로부터 육조시대(六朝時代)의 시인과 이상은(李商隱, 약 813~858)으로 옮겨다녔다. 그 시인들 중 담사동은 도연명(陶淵明, 376?~427)을 가장 높이 평가하였는데, 그의 섬세한 문장 표현과 정성 때문이었다. 뒷날 장수성에서 그의 아버지와 재회하였을 때, 묵자(墨子)와 장자(莊子)의 글을 탐색하기 시작한다. 이 두 사상가는 그에게 결정적인 영향을 미쳤고 '겸애(兼愛)나 임협(任俠) 같은' 사상이 그의 글에 모습을 갖추기 시작한 것은 이때였던 것으로 짐작된다. 1890년 이전 담사동이 매우 민족주의적이었다는 사실은 그의 처녀 장편 에세이 『치언(治言)』(세계 경영에 관한 견해)에 보인다. 그가 나중에 글머리에서 솔직하게 인정했듯이, 1889년 그 에세이를 썼을 때만 해도 아직 세계의 상황을 모르고 있었다. 그가 믿는 바로는 지난 4,000년 동안에는 세 번의 변화기가 있었고, 지구상에는 모두 90,000 리로 세 주요 영역이 있었다는 것이다. 첫 변화기는 신화기(神話期)인 요순(堯舜) 시대와 주나라 말기(기원전 770~222)에 시작되었는데 그 시기 동안 주요 윤리는 도(道)의 실행기(道道之世)였고, 두 번째 변화기는 진(秦)나라 시기(기원전 222~206)에서 청나라 말기까지인데 그 시기에는 법가를 실행하였다(法道之世). 세 번째 변화기는 지도 이념이 경제에 바탕을 둔 때(市道之世)였다.

지리적인 면과 문화적인 측면에서 담사동은 세계를 세 개의 주요 영역으로 나눈다. 그 첫 영역은 적도 북쪽에 위치한 지역으로 그곳은 중국과 같은 관습 등을 가진 나라들로, 화하지국(華夏之國)이라 불리는

데, 중국 본토, 조선, 티벳, 베트남, 그리고 버마—지금의 미얀마—가 여기에 해당한다. 두 번째 지역은 일본, 러시아, 지중해 연안과 북미로 형성되는데, 그들 나라들은 체제와 예술 면에서 같은 것으로 이적지국(夷狄之國)으로 불릴 수 있다. 마지막 지역은 금수지국(禽獸之國)으로 형성되는데, 그들 나라로는 아프리카, 남미, 호주가 있다. 이 에세이의 실질적인 의도는 서구 세력에 직면한 중국의 해결방안을 찾기 위한 것이었다. 중국이 재활할 수 있는 방법이 전면서화(全面西化)나 중국의 전통 규범의 부정은 아니라고 담사동은 결론짓는다. 그 목적은 중국의 정신적 또는 물질적 유산을 재정립하고, 덕망과 성실에 기초한 통치원리를 견지할 수 있을 때만이 이룩될 수 있다는 것이다.

과거시험에 몇 번 실패한 후 1889년, 그는 다시 북경에서 실시된 특별시험에 참가하러 갔다. 여기서 그는 본향 출신 학자 유인희〔劉人熙, 필명은 울려(蔚廬)〕를 만나 그를 스승으로 모신다. 그의 지도 하에 담사동은 청나라 초기 철학자 왕부지나 황종희의 사상과 중국 고전음악에 심취할 수 있었다. 담사동은 또 다른 스승 구양중곡보다 유인희의 학문적 깊이가 다소 덜하다고 생각했지만 취화(翠華), 황옥(黃屋), 명당(明堂) 그리고 중기(重器)와 같은 저술들을 높이 평가하였다.

1889년 12월 아버지가 후베이 순무(巡撫)로 발탁됨에 따라 이듬해 봄 아버지의 도움을 요청하기 위해 장수성에서 무창(武昌)으로 이사하였다. 얼마 전 작은형 담사양이 죽었기 때문에 그는 매우 우울한 상태였다.

한편으로 그는 중국의 정치상황에 극도로 좌절감을 느꼈고 또 한편으로는 그의 부진한 성취 때문에 매우 실망하였다. 그 스스로 공부에 몰두하여 왕부지의 유고집 『선산유서(船山遺書)』를 읽는다. 왕부지의 영향 하에 담사동은 세상의 원리에 관한 토론에 흥미를 갖게 된다. 그러나 그는 여전히 앞날에 대하여 방황하고 있었다. 그의 좌절은 「상흔사팔편(湘痕詞八篇)」에 보인다.

지난 10년 동안 세월이 흐르고 사건이 변화함에 따라 나의 우울함은 깊어만 갔다. 어린 시절 나는 수많은 재앙을 경험하였는데 5일 사이에 세 명이나 죽었다. 친척들과 친구들은 해를 거듭할수록 떠나버렸다. 이리저리 돌아다니면서 나의 슬픔을 달래야 했고, 게다가 거기에는 세속적이고 사악한 사회 분위기가 있었으며 드러나지 않는 걱정들은 은밀히 깊어갔다. 옛 학문의 길을 걸었는데 그것은 참으로 외로움과 좌절감을 주는 것이었다. 이렇기로서니 가정과 사회도 마찬가지여서 내가 가끔 말했던 것은 원만하지 못했고 내가 쓰는 글은 슬픔을 품어 내는 한숨이 실렸다. …… 세상 경험을 쌓아갈수록 진취적인 마음과 흥미는 감소해갔다.[3]

후베이성(湖北省)에서 그는 우울하였지만, 그런 그에게 새로이 영향을 준 사람은 후난성(湖南省)과 후베이성 총독인 장지동(張之洞, 1837~1909)과 그 밖의 개혁에 뜻을 둔 사람들인 듯하다. 후베이 지사(知事)의 아들로서 그는 그 성(省)의 지식인들과 친하게 지낼 수 있는 기회를 가진다. 그들 중 몇 사람은 직접적인 서양 지식을 지니고 있었다. 이 시기에 그가 쓴 문장을 통해서 진보적이고 종합적인 개혁 프로그램이 이미 모습을 갖추어지고 있었음을 알 수 있다. 그때 후베이성에서 진행되고 있었던 각종 기업과 활동은 그가 『인학』을 쓸 때 참고가 되었다.

청일전쟁(1894)이 담사동에게 강력한 반성을 일으켰다는 사실은, 그가 보수적 정치 성향을 가진 그의 친구, 패윤흔(貝允昕)에게 쓴 편지에 나타나는 전반서화(全般西化)에 대한 옹호를 통해 볼 수 있다.[4] 편지 전반의 기조를 이루는 것은 전반서화에 대한 강력한 희망이었다. 그

---

3 譚嗣同, 『譚嗣同全集』 上冊, 中華書局, 北京, 1981. 70쪽.
4 Chan Sin-wai(譯), *An Exposition of Benevolence*, The Chinese University, Hong Kong, 1984, 9쪽 참조.

러나 단 일 년 전만 해도 담사동은 그의 주요 저작집 『석국영려필지
(石菊影廬筆識)』에서는 어떠한 정치적 관심도 보이지 않았다. 따라서
청일전쟁의 패배가 어떻게 담사동을 전반적 정치개혁가로 변화시켰
는지 알 수 있다. 패윤흔과 그에게 참으로 매료되었던 사람들의 잘못
된 견해를 반박함으로써 담사동은 새로운 제안을 하게 되는데, 그것
은 아주 놀랍게도 전반서화에 대한 찬성이었다. 뒤에 강학회가 1895
년 설립되어 곧 해체된다. 이때 담사동은 기독교 추종자들에게 주어
진 특별 대우에 대해 매우 씁쓸해했다. 이런 사실은 1896년 2월에 쓰
인 「구양중곡에 보내는 일곱 번째 편지」에서 명백하게 드러난다. 이
편지에서 담사동은 강유위가 운영하는 강학회에 1,000여 명의 회원이
있었다고 말한다. 그러나 그것의 성장은 이 단체의 지도자를 체포할
것을 요청하였던 영국의(?) 검열관에 의해 갑작스레 위축되었다.

　이때 담사동은, 예수의 가르침을 따르는 사람들은 보호되지만 공
자의 가르침을 따르는 사람들은 구속받는 사실을 유감으로 여겼다.
그러한 불합리하면서 부당한 결정을 보고 그는 해결책을 제시해야겠
다고 결심한다. 그의 생각은 기독교를 촉진한다는 구실 아래, 사실상
공자의 가르침을 실행하기 위해 후난성에 강학회 지부를 결성하는
것이었다. 그는 강학회의 후원자로 추대하기 위해 한코우(漢口, 한구)
소재 영국인 영사를 초대한다. 그럼에도 불구하고 그의 계획은 무산
되었다. 그러나 이 사건을 통해 만주족에 의해 가해진 고유한 공자의
가르침에 대한 불평한 대우에 좌절한 담사동이, 또 다른 중국 철학적
이면서 종교적인 가르침인 불교를 계속 활용하여 기독교의 특권적
위치에 도전하였을지도 모른다는 추론이 가능하다.[5]

---

5 위의 책, 6~11쪽 참조.

2. '인학'―도리로서 '인'과, 물리로서 '학'

1896년 봄 담사동은 아버지를 모시고 북경으로 갔고 그 후에는 천진(天津, 톈진)을 여행한다. 거기에서 그는 존 프라이어(John Fryer, 1839~1928)와 두 번째 만남을 갖는다. 이때 프라이어는 그에게 화석, 계산기, X-ray 그리고 뇌의 파동을 측정하는 기구를 소개한다. 이런 것들은 『인학』에서 볼 수 있듯이 담사동에게 심원한 철학적 암시를 줄 수 있었다. 나중에 "지식을 구하기 위하여 북쪽으로 여행한 것에 관한 기록"인 「북유방학기(北遊訪學記)」(32세)라는 부제의 「상구양중곡」(上歐陽中鵠, 구양중곡에게 보내는 편지)[6]에서 그가 몇 명의 가톨릭 신자와 기독교 신자를 만나 문학작품을 읽으면서 몇 시간을 보냈다고 쓰고 있다.

구양중곡은 담사동의 스승으로, 자(字)는 절오(節吾)이고 호(號)는 판강(瓣薑)이다. 그도 담사동과 마찬가지로 후난성 유양 사람인데, 『판강문집(瓣薑文集)』, 『판강시존(瓣薑詩存)』의 저술을 두고 있다. '판강'은 강재(薑齋) 숭배의 표시이다.[7] 선승(禪僧)이 남을 축복할 때 향을 피우는 일이 '판향(瓣香)'인데, 때로는 남을 존경하고 사모한다는 뜻으로 쓰이기도 한다. '판향'의 '판(瓣)'과 '강(薑)'이 합쳐 있음에 주목하고 '강재(薑齋)'가 왕부지(王夫之)의 호(號)임을 참고한다면, 담사동이 구양중곡을 통해 왕부지의 변화이론, 곧 그의 도기(道器)에 관한 입장을 어떻게 흡수했는지 짐작할 수 있을 것이다.

그는 32세에 접어들어 『인학』 집필에 착수하여 변법사상의 기초로 삼는다. 그의 저작을 통해 사상 형성의 과정을 이렇게 분류할 수 있다.

---

6 「上歐陽中鵠」은 『서간』 28통을 말한다〔蔡尚思・方行 編 『譚嗣同全集』(全二冊, 中華書局, 北京, 1990, 2刷本, 1981, 初版)〕. 이 「上歐陽中鵠」은 版本에 따라 『上歐陽瓣薑師書』라 하여 편집된 것도 있다. 예컨대 華世出版社本(臺北, 1977) 『譚嗣同全集』에는 이 「上歐陽中鵠」+ 이 『上歐陽瓣薑師書』二二에 편입되어 있다.

7 周振甫, 『譚嗣同文選注』, 中華書局, 北京, 1981, 84쪽 참조.

(1) 26세 이전의 『치언』: 서양인을 이적(夷狄)으로 보고 변법을 반대함.

(2) 26~30세의 「학편(學篇)」과 「사편(思篇)」: 왕부지의 기일원론(氣一元論)을 집중, 연구하여 서양 학문의 자연과학을 비판적으로 흡수함. 도체기용(道體器用, 중국적 가치관이 본질이고, 서양의 기계문명은 작용적 측면에 불과함)의 입장을 견지.

(3) 31세의 『홍산학의(興算學議)』와 『단서(短書)』: 스스로 학술을 바꿈으로써 구망(救亡, 나라 패망의 구제), 반만사상(反滿思想, 만주족 정권의 반대)의 맹아(萌芽)를 개시하는 상황 인식이 본질적인 것이고 중국적 가치는 작용에 불과하다는 기체도용(器體道用)의 입장 견지. 종교(宗敎)와 미신을 비판함.

(4) 32세 「북유방학기(北游訪學記)」: 예수교를 신앙하고 불교에 귀의하여 그동안 배운 것은 모두 헛된 것이고, 오직 일심(一心)이 실질적인 것이라 자성(自省)함. 군주 세습을 반대하고 민권(民權) 민주(民主)를 제창함.

(5) 33세의 『인학』: 유식종(唯識宗)으로 사상의 기초를 삼고 서학(西學)을 써서 불학(佛學)을 밝힘. 식(識)을 변화하여 지혜를 이룬다(轉識成智)고 함. 만주족을 배철하는 혁명, 곧 배만혁명(排滿革命)을 고취하고 제국주의에 대한 인식이 모호해짐.[8]

여기서 담사동의 『인학』에 주목해보자. 사상, 정치, 경제 그리고 사회 전반에 걸쳐 폐색되어 있는 현상을 타파해야 한다는 시각이 이 저작에 펼쳐진다. 인(仁)은 공자 사상에서 타자에 대한 열려 있는 상태를 뜻한다. 『논어』를 통해 알 수 있는 타자에 대한 배려를 표상하는, 이 인(仁)이 담사동의 『인학』에서는 제반 현상에 있어 막힘 상태를 타파하는 이념적 기초가 된다. 공자 이전에 인(仁)은, 혈액순환이 잘 되고

---

8 張德鈞, 「譚嗣同思想述評」 『歷史研究』, 1962년 第 3期 所收. 27~60쪽 참조.

신진대사가 원활한 건강 상태를 의미하였다. 마목불인(痲木不仁)이라는 말이 나타내 주듯, 절름거리는 불구자와 같이 신체의 기능이 원활하지 못한 사람은 불인(不仁) 상태이다. 이렇듯 여러 상태가 마비된 중국이 이젠 건강한 인(仁)의 상태로 가야 한다는 희망에서 담사동은 『인학』을 썼다고 할 수 있다.

그런데 우리가 '인학(仁學)'이라 할 때, 그것은 일반적으로 공자가 제시한 인(仁)의 시대적 발전 과정, 변모 과정으로서 유학, 유교발전사를 의미하는 유학의 보통명사이기도 하다. 그렇지만 담사동의 '인학'은 '인'과 '학'의 또 다른 '인학'이다. '인학'에서 '인'은 담사동이 생각하는 '공자의 인(仁)'으로서 인간이 상대하는 모든 타자, 사람과 사물 간의 건강한 소통성 확보이고, '학'은 자연과학이다.[9] 보다 쉽게 말한다면, 공맹(孔孟)의 인간학, 공자와 맹자의 인학(仁學)에서 말하는 '인(仁)'을 넘는다. 인간이 부닥치는 사람과 사물의 시공간에 걸쳐 내재하는 막힘 상태가 해소된 소통성 또는 관계성 그 자체가 담사동이 말하는 '인(仁)'이고, 여기에 사물의 이치인 자연과학, 곧 도리를 의미하는 '학(學)'을 보탠 것이 '인학'이다.

여기서 우리는, 윤리 또는 도덕, 도리 개념이 인(仁)을 통해서 확장되고, 세상 사는 이치에는 자연과학의 원리도 매우 중요한 것임을 담사동이 인식하였다고 말할 수 있다.

---

9 『仁學』「自敍」참고.

제 *2* 부

관계와 소통의 원리 구축

제1장 철학과 과학의 만남

1. 기(氣)에서 '에테르'로

주자학적 사유에서 자연질서로서 궁극 원리는 '태극(太極)'이나 '이(理, pattern)'이다. 이를 통하여 만물의 이치, 이법(理法)의 사유를 진행함으로써 인간의 심성론적 실천 행위 방안을 보다 확고하게 모색한다. 일정 부분 같은 맥락에서 담사동도 우주의 본원과 자연의 법칙성을 마련하여 자신의 논리에 정당성을 부여하려 한다.

그렇지만 담사동의 논리는 반주자학적이다. '에테르'라는 사물의 이치를 확보하려 하였다는 점에서는 주자학과 유사성을 띠지만, 이(理)의 철학으로서 주자학에 비하여 기(氣) 철학적 특성이 두드러진다. 그 과정은 송대의 기철학자 장재(張載, 1020~1077)의 철학과 앞서 언급한 명말 청초의 사상가 왕부지 기철학의 습합(褶合)에 서구 자연과학의 물질 기초였던 '에테르'를 융합함으로써 이루어진다.

일찍이 장재는 『정몽(正蒙)』에서 기는 세계의 실체라고 명확히 지적하고 "허공은 곧 기"라고 하였다. 형상(形象)이 있어서 볼 수 있는 만물과 공허무물(空虛無物)의 태허(太虛)는 모두 기로 구성된 것으로 "모여서 유형(有形)하고 흩어져 무형(無形)하다." 단지 기의 "변화의 객형(客形)"에 불과하다. 그러므로 기의 존재는 보편적이면서 항구적인 것으로, '유무(有無)'나 '생멸(生滅)'이 없다. 이 같은 장재의 '허공즉기(虛空卽氣, 허공은 곧 기)'라는 이론은 왕부지에 의하여 계승되었는데, 이들의 사유에서 기는 객관존재로 세계를 구성하는 물질의 실체이다.[1]

같은 의미에서 담사동도 사람이나 만물 발생의 원인을 기로 규정한다. 기가 사람과 물체를 형성하는 기본적인 질(質, 원질)로 인식된 것이다. 담사동은 나아가 서구 과학의 원소 개념에 가까운 원질을 가지고 그의 기철학을 확대하고 있었다.

> 하늘은 혼돈 상태의 혼합된 기(氣)로서 가득히 응결돼 질(質)을 이루고, 질(質)이 세워져 사람과 만물이 생겨났다.[2]

담사동은 하늘·땅·사람 등 만물의 존재 원인을 기의 범주에서 논의하면서, 서구 과학의 원소 개념을 수용한다. 그의 기철학적 사유에는 뉴턴이 제기한 만유인력과 같은 물리학 개념도 채용된다.

> 기는 어디에서 생기는가? 일월(日月), 오성(五星), 그리고 지구는 서로 끌어들이는데, 흡력(吸力)이 아니고서는 지구는 떨어진다. 흡력이 고르지 않을 때 치우쳐 움직일 수 없다. …… 지구·일월·오성은 바로 각각 서로 의존한다.[3]

그는 기를 우주에 가득 찬 물질 사이의 존재를 돕는 매개체, 곧 상호의존 관계에 있는 것으로 본다. 기는 우주에 가득 찬 물질 사이의 존재, 즉 '서로 끌어들이는 힘'으로 인식된다. 우주의 해·달·별들의 운행이 조화로운 질서 속에 존재하는 까닭은 그것들 사이에 존재하는 기에 의존하는 것이다. 기는 힘(力)이 되었고, 그렇기 때문에 우주

---

1 『張子正蒙注』 前言, 中華書局, 北京, 1975, 5쪽 참조.
2 「思篇」 『譚嗣同全集』 上冊 128쪽: 天以其渾淪磅礴之氣, 充塞固結而成質, 質立而人物生焉.
3 「與沈小沂書」 『譚嗣同全集』 上冊 5쪽: 氣何從生? 日月五星地球之相與吸也. 吸不力, 地球墜. 吸不均, 偏而不能運. …… 地球與日月五星, 正各各相賴.

만물이 상호 의존함으로써 제자리를 잡고 존재하는 가능성이 된다. 담사동은 기를 우주만물이 치우치지 않고 제각기 고르게 존재할 수 있는 흡인력(吸引力)이면서 그 작용의 매개로 본 것이다. 이 흡인력은 다름아닌 만유인력이다.

따라서 뉴턴의 만유인력이 그의 기론(氣論)에 영향을 주었고 서구 과학의 성과가 그의 존재론에 스며 있었다. 중국 근대에 만유인력이 기론에 변용되고 있었던 것과 마찬가지로 소리와 빛을 전파하는 매개까지도 기로 인식되었는데, 어떤 초공간의 작용도 인정하지 않는 과학이론을 빌려 형이상학화(形而上學化)한 것이다.

> 빛은 하나일 뿐이지만, 그 운행에 있어 기는 빛이 빛나고 서로 반사하여 흐르게 하는 원인이 된다. 소리도 하나일 뿐이지만, 그 운행에 소리가 줄달음쳐 서로 이어짐으로써 울리게 하는 원인이 된다.[4]

빛과 소리는 발동하는 곳으로 매개가 있어야 전달되는데, 이 매개체를 우주 공간에 미만하고 가득 찬 기로 본 것이다. 이 같은 담사동의 기철학적 기저(基底)는 『인학』에서 '에테르'라는 이름으로 전환된다. '에테르'라는 원리의 함의는 그가 기일원론(氣一元論)에서 보인 사유체계와 거의 흡사하다.

그리하여 담사동의 사상에서 '에테르'는 우주의 본원이 되고, 세계의 모든 대상 간은 본질적으로 평등한 관계로 존재한다는 원칙이 된다. 앞서 이미 지적한 바, 당시 중국에서 생활하고 있던 "선교사 존 프라이어(John Fryer, 중국어 음역 : 傅蘭雅)가 1890년에 『광학도설(光學圖說)』을, 1895년에는 『광학수지(光學須知)』를 번역, 출판하였는데, 6개월 후에 담

---

4 「思篇」『譚嗣同全集』上冊 130쪽: 光一而已, 其行也, 氣爲光所爍而相射以流也. 聲一而已, 其行也, 其爲聲所迫而相禪以鳴也.

사동은 이때 사본 책 속의 '에테르' 개념을『인학』에 활용한다."[5]

그에 의해 "以太"(에테르, 以脫로 표현하는 사상가나 학자도 있었음)[6]로 음역(音譯)된 "에테르는 근대 물리학에 관련한 용어이다. 이 개념의 발생은『철학원리(Principles of Philosophy)』에 이 개념을 사용한 르네 데카르트(Rene Descartes, 1596~1650)로 거슬러 올라간다. 그러나 '에테르'라는 용어는 크리스찬 호이겐스(Christian Huyghens, 1629~1695)가 '인력(引力)은 다만 에테르의 운동일 뿐이며, 그 물질은 모든 공간을 통하여 존재한다'고 말한 17세기 후반에 가서야 사용되었다. 아이작 뉴턴(Issack Newton, 1642~1727)과 클럭 맥스웰(James Clerk-Maxwell, 1831~1879)에 의한 이 개념의 보급과 함께 에테르는 온 우주 공간을 관통하여 가득 차 있는 유연하면서도 미묘한 물질이자 빛의 파동이 전달되는 매개체라고 널리 믿게되었다. 그렇지만 나중에 에테르의 개념은 과학자들에 의하여 붕괴되었다. 담사동은『인학』에서 근원적으로 이 용어가 갖고 있지 않은 의미의 집적(集積)을 에테르에 부여하고 있었다."[7]

요컨대 "에테르(Ether, 以太)는 19세기 후반 서양에서 유행하던 일종의 물리학 개념으로 희랍어의 원래 의미는 연소(燃燒), 점화(點火)이다. 나중에 일종의 빛을 전파하는 극히 미세한 물질로 인식되었고 17세기 중엽 네덜란드인 호이겐스는 '에테르'를 '광매(光媒, 빛의 매개체)'로 규정하였는데, 1907년 아인슈타인의 상대성 원리에 의한 물리학적 증명에 도달하자, 비로소 그 존재는 부정되었다."[8]

---

5 徐義君,『譚嗣同思想硏究』, 湖南人民出版社, 湖南省, 1981, 90~91쪽 참조.

6 '에테르'의 개념이 중국에 들어온 것은 양무운동 기간으로, 1876년 출판한 John Tymdall(丁鐸爾, 1820~1893)의『聲學』이다. 1895년 John Fryer는『光學須知』를 번역하였는데,『仁學』에 쓰이고 있는 에테르論은 이 두 書에 근거하였다. 그러나 이 두 書는 에테르를 '以太'로 音譯하지 않았고 1890년 번역된『光學圖說』까지도 에테르를 '以脫'로 음역하고 있는 것으로 보아 담사동이 '以太'로 처음 썼을 것이라는 연구 결과가 있다(杜石然 外, 洋務運動與中國近代科技, 遼寧敎育出版社, 1991, 471~472쪽 참조).

7 Chan Sin-wai(譯), 앞의 책, 61쪽 참조.

그런데 담사동의 『인학』이 1896~1897년에 쓰인 사실을 고려할 때 '에테르'는 여전히 깨어지지 않은 과학의 원리였고, 그것을 철학에 도입함으로써 자칫 현실과 동떨어진 신비주의적 황당한 이야기를 늘어놓을 개연성을 상당 부분 차단하려 하거나, 과학의 원리를 통해 현실에 접근해보자는 다짐도 또한 있었을 것이라는 점에서, 그 의의는 적지 않다고 할 수 있다.

2. 평등의 원리로서 에테르와 인(仁)

담사동은 『인학』에서 우주만물의 모든 현상의 원리로 삼은 에테르를 가지고 그의 사유체계를 세운다. 이는 궁극적으로 평등의 원리를 구축하여, 이를 만물 존재의 평등성, 사람과 사람 사이의 평등 실천의 원리와 무한한 작용력을 기대하였음을 의미한다.

> 에테르 작용의 지극히 영묘(靈妙)하면서도 증명할 수 있는 것은 사람 신체의 경우 뇌이다. 그것은 여섯 구역으로 구분되는데, 대뇌·소뇌·뇌체(腦蒂)·뇌교(腦橋)·척뇌(脊髓), 그리고 사지(四肢)와 전신(全身)의 피부에 분포된 '뇌신경'이다. 허공계에서는 전기가 되지만 전기는 허공에만 붙어 있는 것이 아니다. 아마 어떤 물질이든 휩싸고 관통하지 않음이 없을 것이다.[9]

인체의 뇌신경이나 전기로 에테르를 설명한다. 또한 '생리학'(生理

---

8 曾樂山, 『中西哲學的融合』, 安徽人民出版社, 1991. 62쪽 참조.
9 『仁學』 상편 2장: 以太之用之至靈而可徵者, 於人身爲腦. 其別有六, 曰大腦, 曰小腦, 曰腦蒂, 曰腦橋, 曰脊腦; 其分布於四支及周身之皮膚, 曰腦氣筋. 於虛空界則爲電, 而電不止寄於虛空, 蓋無物不彌綸貫徹.

學, 全體學)이나 물리, 화학이 에테르의 설명에 쓰인다. 당초 그는 「이태설」(以太說, 에테르에 관한 설명, 1898)에서 인간의 감각 능력으로 포착이 불가능하지만 만물에 혼재(渾在)하는 그 무엇인 에테르는 모든 물질계와 허공계를 포섭한다고 인식한다. 모든 것 위의 초월자처럼 규정되는 에테르에 대한 논의는 대부분 『인학』 상편(上篇) 1장에 표명되는데, 이를 통해 사물의 존재방식을 논함으로써 과학적 인식 방법을 넘어 신비의 차원에까지 추상화한다.

그런데 에테르의 원리적인 측면과 작용력은 '인(仁)'에 귀결된다. 그는 에테르를 정교하게 표현하면 '인(仁)일 뿐'이라고 한다.[10] 담사동은 '인(仁)'에 대한 관심으로 가득 차 있었다. 그리고 묵자(墨子)가 겸애(兼愛)를 주장한 점에서 공자와 예수의 사이를 잘 조화연융(調燮聯融), 곧 조화하고 융화하였다고 하여 그것을 보다 높이 평가하면서 '겸애', '사랑', '자비'를 모두 그가 설정한 '인(仁)'의 함의에 포괄한다.[11]

그리고 담사동의 사상에서 에테르는 장소와 시간에 관계없이 없는 곳이 없는 존재론적 근원자이다. 구체적으로 감각할 수는 없지만, 만물 발생의 근원과 존재의 근거이다. '에테르'는 현상계·허공계(虛空界)·중생계(衆生界) 등 모든 세상을 존재하게 하는 근원이라고 담사동은 믿고 있었다.[12] 그러면서 에테르는 평형을 유지하려는 기능을 수행하는 것으로 또한 여겨진다. 어느 한쪽으로 치우치지 않는 자연계의 평형은 에테르의 기능에 의거하는 것으로 알고 있었다.[13] 그의 관심은 인간사회의 모든 영역도 그처럼 평형 또는 평등이어야 한다는 데 있었다.

따라서 기와 에테르의 규정을 대비하여볼 때, 양자(兩者)는 서로 거

---

10 담사동, 「以太說」 참조.
11 『仁學』「自敍」 참조.
12 『仁學』 상편 1장 참조.
13 「論電燈之益」 『譚嗣同全集』 下冊, 428쪽 참조.

의 같거나 비슷한 성질이다. 왜 기철학적 사유만 가지고도 그가 목적한 평등론을 전개하는 데 어려움이 없었을 것이건만, 굳이 에테르라는 과학의 원리를 끌어다 썼을까?

그것은 진리 접근 방법에 있어 직관적이거나 비실재적인 경향에서 벗어나려는 청대 실학적 반영이라 할 수 있을 것이다. 사회 변혁을 바라는 그로서는 보다 논리적이고 객관적인 설득력을 확보하려 하였을 것이고, 사변(思辨)에서 구체로 전환하는 철학 작업을 통하여 서구의 충격에도 불구하고 주자학적 직관론이 여전히 득세하는 분위기에서 벗어나려는 시도였을 것으로도 풀이할 수 있다. 여기서 사카데 요시노부(坂出祥伸)의 견해를 보자.

> 원래 빛의 파동을 설명하는 가정적(假定的) 존재로서 '에테르'가 담사동에 있어서는, '기'와 거의 중복될 정도의 내용의 것으로 가치 전환이 되고 있다. 그렇지만 그것이 어디까지나 에테르가 되지 않으면 안 되었던 것은 '만물일체의 인(仁)'의 '작용'으로서 보편성을 강조하기 위한 것, 즉 활동적·적극적·전진적인 색채를 농후하게 하기 위한 것이었다.[14]

담사동은 '에테르'라는 과학적 성취를 빌려, 존재론적 원리의 작용, 기능의 보편성을 확보함으로써 정치, 사회, 그리고 철학 전반에 걸쳐 변혁을 시도한 것이다.

현재 물질 단위에 관한 과학적 성과를 볼 때, 이미 '톱 쿼크'라는 가장 기본적인 물질이 발견되어서 마지막으로 남아 있었던 물질의 근원은 과연 무엇인가라는 물음이 해결되었다. 톱 쿼크의 발견을 통

---

14 坂出祥伸, 「譚嗣同の「以太」說」, 『中國文學紀要』 第五號(關西大學中國文學會, 1974. 12, 18쪽 참조.

해 물질의 근원을 추적해온 현대 물리학의 마지막 숙제를 풀어냈고, 물질 구성 이론인 표준 모델 이론 중 지금까지 확인되지 않았던 마지막 입자를 확인, 물질의 기본단위인 소립자의 올바른 구성 이론을 증명하였다. 표준 모델 이론이란 지구상에 존재하는 모든 물질이 6종류의 전자와 6종류의 쿼크로 이뤄졌으며, 이들 입자가 전기력·자기력·약한 상호작용·강한 상호작용 등 4가지 관계에 의해 구성된다는 것이다.

이런 사실에 비추어볼 때, 약 100년 전 중국의 한 젊은이가 '에테르'라는 물리학 개념을 가지고 진행한 철학 사유는 한갓 우리의 웃음거리가 되고도 남음이 있다. 그렇지만 그러한 사유를 통하여 현실적인 문제에 대하여 고민한 진정성을 볼 때 그 의의가 전혀 없는 것도 아니다.

사상사적으로 기철학 계열의 물질성으로 가득 찬 담사동의 사상은, 송대 철학자 정호(程顥, 1032~1085) 이래의 '만물일체의 인(仁)' 사상을 발전시키고 그러한 기초 위에서 에테르의 본질적 성질을 '서로 통함'이라고 규정한 것이다.

그 과정은 양명적 대동론을 거쳐서 진행된 것이 아닌가라는 짐작을 가능하게 한다. 양명적 대동론은 정호(程顥)의 "만물일체가 인이다"(萬物一體爲仁)라는 견해가 왕수인(王守仁, 1472~1529)으로 이어지고 그러한 사상적 특징이 또다시 양명 후학(後學)에 이어진 것이다. "인(仁)이라는 것은 천지만물로써 일체(一體)를 삼는다"는 점에서 '일체'를 대동론으로 맥락에서 보는 입장은, 『중국대동사상자료(中國大同思想資料)』[15]의 경우, 하심은(何心隱, 1517~1579)의 사상을 예로 들고 있음을 발견할 수 있다.

---

15 中國科學院哲學研究所 中國哲學史組 編, 『中國大同思想資料』, 中華書局, 北京, 1959 참조.

일찍이 왕수인은 『전습록(傳習錄)』에서 "인자(仁者)는 천지만물로써 일체를 삼는다"[16]고 하였는데, 담사동은 "에테르는 천지만물, 그리고 인(人, 남)과 아(我, 나)를 관통하여 일체를 삼는다[17]"고 하였다. 그는 이미 『인학』 이전에도 "원기의 운행을 통해 볼 때 천지만물은 과연 일체임을 안다"[18]는 견해를 표출한 적이 있다.

따라서 끊임없이 변화, 생성하는 근거로서 에테르가 "인(仁)은 쉬지 않고 만물을 만들어 내고 생성하는 이치"[19]라고 왕수인이 규정한 점과 흡사하다. 물론 왕수인의 천지만물일체(天地萬物一體)의 '인(仁)'은 정호로부터 비롯되었다.[20]

이런 점에 비추어 중국적 사고 곧 양명의 사유와 기철학 그리고 대동론적 경향에 '에테르'라는 과학의 원리가 부가되어 담사동의 평등론이 형성되어 가고 있었음을 알 수 있다.

또 1896년 이후 담사동은 『인학』에 춘추삼세설(春秋三世說)을 보태어 인류 역사의 발전 과정을 설명한다. 천지만물의 무한한 생성은 인(仁), 곧 에테르 작용인 '통(通)'의 속성에서 기인한 것으로 파악한다. 그에게 "근원은 인(仁)이다. 형(亨)은 통(通)이다. 진실로 인(仁)하면, 저절로 통하지 않음이 없다. 저 인(仁)은 에테르의 작용으로, 천지만물은 그로부터 생기고, 그로부터 통(通)하는 것이다."[21]

---

16 王陽明, 『傳習錄』 卷之上 : 仁者以天地萬物爲一體.
17 『仁學』 상편 3장 : 如以太者, 通天地萬物人我爲一身.
18 「思篇」 『譚嗣同全集』 上冊 127쪽 참조.
19 王陽明, 『傳習錄』(卷上) : 仁是造化生生不息之理.
20 王陽明은 『傳習錄』(卷上)에서 "程子云, 仁者以天地萬物爲一體"라고 하여 程顯의 영향을 입었음을 말해주고 있다.
21 『仁學』 상편 4장 참조.

제2장 전통가치관 인식의 변화

1. 변통의 지향

담사동의 사상은 소통과 변통을 지향한다. 대상이나 사물 사이의 막힘을 거부한 것이다. 이는 이전의 가치관에 관한 변통이나 그 구속적 요소의 타파를 의미한다. 그러면서 사물처리법에 있어 새로운 방향성과 질서를 모색한다.

그는 『인학』(18장)에서 "지나간 것에 대하여 돌이켜보는 것을 '일신(日新)'이라 이름한다. 공자는 '혁(革, 『주역』의 괘)은 옛것을 제거하는 것이며, 정(鼎, 『주역』의 괘)은 새로운 것을 취하는 것이다.'(『주역』, 「잡괘전(雜卦傳)」)라고 하였고 또 '日新을 일컫는 것이 지극한 덕이다.'(『주역』, 「계사상(繫辭上)」)라고 하였다"[1]고 전제하면서 변화이론의 근거를 찾는다.

공자 사상의 취지도 일신, 곧 변통에 있었다고 인식한 것이다. 담사동은 일신을 궁극적으로 도덕론의 선악 차원으로 확장하기까지 한다. "선은 일신(日新)에서 이를 뿐이며, 악은 역시 일신하지 않음에서 이른다"[2]고 하여 일신을 선악의 기준으로 삼는다.

그에게는 "하늘이 새로워지지 않으면, 어떻게 창조하며, 땅이 새로워지지 않으면, 어떻게 운행하겠는가? 해와 달이 새로워지지 않으면, 어떻게 빛나겠는가? 사계절이 새로워지지 않으면, 추위와 더위, 싹이

---

1 『仁學』상편 18장: 反乎逝而觀, 則名之曰"日新", 孔曰: "革去故, 鼎取新." 又曰: "日新之謂盛德." 夫善至於日新而止矣, 夫惡亦至於不日新而止矣.
2 『仁學』상편 18장: 夫善至於日新而止矣, 夫惡亦至於不日新而止矣.

나고 수확하는 일의 변화가 어떻게 있겠는가? 풀과 나무가 새로워지지 않으면, 풍요롭고 윤택한 것은 멈출 것이며, 혈기가 새로워지지 않으면 순환이 끊어질 것이다. 에테르(以太, ether)가 새로워지지 않으면, 삼계(三界: 욕계, 색계, 무색계)의 온갖 진리는 모두 끊어질 것이다."[3] 자연계와 현상계, 온 우주가 존재하는 근거를 일신에 두고 있다.

당시 유교적 지식인들이 고정불변의 정체된 대상 인식 속에 가치 불변의 도가 있다고 믿는 것과는 달리, 그는 꾸준히 순환하는 가운데 만물의 존재가 가능한 것으로 본 것이다. 새로움을 추구하지 않으면, 창조하는 조화의 생기를 스스로 끊고 건강하지 않은 불인(不仁) 상태에 말려드는 것으로 파악한 것이다.

담사동이 활약하던 청대 말기는, 1840년 아편전쟁 이후로 심화되어온 반(半)식민지 요소가 최고조에 달하던 때이다. 1870년대에 서구 제국주의는 중국에 대한 침략을 더욱 치밀하게 진행한다. 이어서 1894년 청일전쟁은 중국의 상황을 더욱 곤란한 상황으로 빠뜨리는데, 각국의 중국에 대한 분할, 쟁취 야욕은 적나라하게 드러난다.

이러한 상황은 중국인들로 하여금 외국 침략자에 대한 원수와 같은 적개심과 청조(清朝) 통치자에 대한 비할 수 없는 분개를 야기한다. 이러한 중국의 대내외적 분위기 속에서 담사동은 『인학』을 통해 중국의 제반 문제에 대한 변통을 요구한 것이다.

『주역』의 "궁(窮, 궁색, 막힘)하면 변하고, 변(變, 변화)하면 통(通, 관통, 소통)하고, 통하면 오래간다"[4]라는 말이 있는 것처럼 청나라 말기 중국의 상황은 마치 변화와 소통을 기다리는 막힘의 단계와 같았다. 이러한 때에 위치하여 지사(志士)의 삶을 산 담사동의 희망은 정치, 경

---

3 『仁學』 상편 18장: 天不新, 何以生? 地不新, 何以運行? 日月不新, 何以光明? 四時不新, 何以寒燠發斂之迭更? 草木不新, 豊縟者歇矣; 血氣不新, 經絡者絶矣; 以太不新, 三界萬法皆滅矣.

4 『周易』 「繫辭傳下」: 易, 窮則變, 變則通, 通則久.

제, 사회 전반에 걸친 시스템의 변화였다.

시스템의 변화, 곧 변법해야 할 내용은 망학(亡學)·망정(亡政)·망교(亡敎)로 표현되는,[5] 나라를 망치는 학문, 정치, 종교나 가르침(국시)이다. 변화하지 않을 경우, 역사의 창조는커녕, 구폐(舊弊)의 악순환을 가중시키는 건강하지 못한 불인(不仁)의 행위로서, 마치 우리 인체 신경이 불통(不通)하여 신진대사를 막는 것과 같다고 인식한다.[6]

그는 일련의 호신주의(好新主義) 입장을 취하지만, 과거의 의미가 "때낀 책부스러기 속의 옥검"[7]일 수 있다는 점을 놓치지 않는다. 그러면서 회귀만 바라는 세속 소유(小儒)를 단호하게 비판한다. 古(고)를 따르는 글자까지도 좋은 의미가 없다면서 복고에 대한 경계를 드러낸다. 이를테면 艸(초)를 따르면 苦(고: 고통)가 되고 木(목)을 따르면 枯(고: 말라죽음)이며, 艸와 木을 따르면 楛(고: 물건의 추잡함)이고 水(수)를 따르면 沽(고: 시장에서 산 술)이어서 공자도 마시지 않았다[8]고 말한다.

그리하여 담사동은 구태의연한 것들, 예컨대 번거로운 의복이나 두발 등 생활방식을 지적한다. 간편함이 문명의 발전과 쇠망을 좌우한다고 본다.[9] 또 번거로움의 문화를 지배권에 의한 정치적 악용으로 파악한다. 농부·공장 노동자·전쟁터의 병사·심부름하는 하인의 번잡한 복제(服制) 예식(禮式)을 그대로 놔두는 것은, 거기에 정력(精力)을 다 소모함으로써 지배권에 반항할 겨를이 없게 하는 군주의 조장으로 보기도 한다.[10]

---

5 『仁學』 상편 18장 참조.
6 『仁學』 상편 2장 참조.
7 『仁學』 하편 31장 참조.
8 『論語』「鄕黨」: 沽酒市脯, 不食.
9 『仁學』 하편 44장 참조.
10 『仁學』 하편 44장 참조.

변법이야말로 부강을 위한 선결요건이건만, 지배층은 권력 유지책의 일환으로 미루고 있는 것으로 담사동은 믿는다. "군주가 천하를 나약하게 할 때 반드시 매우 번거로운 예속을 만들어, 인민들로 하여금 정신을 다 쏟게 하여 번거로운 일이나 하고 그 몸이나 겨우 보존함으로써 시대 상황에 어긋나게 한다. 그렇게 될 때 세상 사람들은 정력을 쪼개 군주에게 반항을 생각할 겨를이 없다"[11]는 것이다. 군주권에 의한 불변적 상황 인식이 만연되었을 때 사람들은 덩달아 세상 변화에 무뎌지고 변혁 의지가 무화(無化)되는 것을 경계한다. 이에 일본의 부강을 모범적 변화에서 비롯된 것으로 평가하기도 한다.[12]

때로는 '충결망라(衝決網羅)', '망라 타파'의 철학, 구속 타파의 사상이라고 일컬어지는 담사동의 변화 철학은 '망라', 곧 구속적 요소로서 정체된 학문, 전제군주제 하의 삼강오륜과 같은 정치적 압박, 종교적 구속이 깨끗이 해소된 상태를 뜻하는 '충결'을 요구한다.

먼저 이록(利祿)의 망라를 타파해야 하고 다음으로 고증학이나 사장학(詞章學)과 같은 세속의 학문에 얽매이는 망라를 타파해야 한다. 또 다음으로는 전지구상 여러 학문의 망라를 타파해야 하고, 또 군주의 망라로부터, 삼강오륜의 망라와 천(天)의 망라에서 차례차례 벗어나야 한다. 마지막으로는 장차 불교 진리의 망라에서도 벗어나게 될 것이다.[13]

이는 당시에 유행한 학문 경향인 고증학이나 사장학(詞章學)에서 벗

---

11 『仁學』 하편 44장 : 君主之弱天下也, 必爲甚繁重之禮與俗, 使竭畢生之精神, 僅足以勝其繁重, 而保其身以不戾於時, 則天下必無暇分其精力, 思與君主抗.
12 『仁學』 하편 44장 참조.
13 『仁學』 自敍 : 初當衝決利祿之網羅, 次衝決俗學若攷據若詞章之網羅. 次衝決全地球群學之網羅, 次衝決君主之網羅, 次衝決倫常之網羅, 次衝決天之網羅, 終將衝決佛法之網羅.

어나 인민의 실생활을 위한 자연과학적 풍토로의 전환을, 정치 방면
에는 민권을 발흥하는 민주제로, 종교에는 불교의 교리와 같은 망라,
그리고 유학적 가르침을 악용한 고착화된 수직적 신분질서의 상징인
삼강오륜에서 벗어날 것을 요망한다.

또 한편으로 고대부터 당시까지 도덕 기준의 절대 요소였고 인민
에 대한 압박의 핑계이기도 한 '천(天)'의 구속을 타파할 것을 문제 삼
는다. '천'의 주재적 권위는 천명으로서 신성불가침이다. 과연 천명이
란 존재하는 것인가? 그것은 차치하고라도 지배권은 '천'을 들먹거려,
천명의 대리인으로 포장된 자신들의 주장을 신성시한다. 그 결과는
인민의 괴로움일 뿐이었다. 이 같은 의미에서 담사동은 '천'이라는
구속적 요소의 해소를 요청한 것이다.

2. 이름의 절대화와 실질의 문제

우리가 어떤 용어에 집착할 때, 그 집착은 이데올로기를 낳는다.
그것은 실상과는 무관하게 때로는 무수한 병폐를 초래한다. 중국문화
사에 있어 '천'을 둘러싼 인식에 이 같은 현상이 두드러진 것 같다.
또한 하늘이 내었다고 하는 '성인'도 하나의 이데올로기에 불과할 수
있다.

성인이란 것이 완벽한 인격을 갖춘 사람을 의미하는 것이겠지만,
어떻게 보면 단순한 본질로서 인간에 대한 과장된 이름에 불과할지
도 모른다. 이름만 듣고 속성을 문제삼지 않으며, 그 이름을 들먹거
리는 것조차 금기시하는 기이한 현상은 역사 경험을 통해 볼 때 흔한
일이다. 역시 누군가의 조작에 의한 허상에 불과한 추앙의 대상들은
부지기수로 많다. 당국자 또는 헤게모니를 쥔 지배권의 오도된 욕망
에서 비롯된 조작일 것이다. 담사동은 또한 조작된 용어의 이데올로

기화에서 비롯한 인민에 대한 구속의 초래를 문제삼는다.

지배권은 보교(保敎) 행위를 통해 신성불가침의 종교와 성인을 언급하고 몇몇 호준(豪俊)들에 의한 가르침이 없어질까 우려하는데, 이는 잘못된 것임을 담사동은 지적한다.[14]

우리가 으레 '공자님'이나 '예수님' 또는 '부처님'이라 말하는 것은 그들의 가르침에 대한 존경에서 비롯된 것이다. 이들 교주가 표방하는 가르침, 즉 '인(仁)'이나 '사랑', 또는 '자비'는 더없이 본질적으로 좋다. 그 사실을 신봉한 나머지 '님'자를 붙이기도 한다. 거꾸로 '님'이라는 접미사 없이 세속적 표현을 써서 그들을 거명하는 무례를 범하더라도 공자는 여전히 공자이고 예수도 여전히 예수이며, 석가모니 또한 석가모니임이 틀림없다는 것이다. 그들에 대한 본질적 변화는 전혀 가져오지 않는다. 이를테면, 중국적 지향이나 본질로서 도(道)는, 공자와 같은 성인의 가르침으로서 보존의 가치가 있다. 그것은 현실적 지도 노선일 수 있다.

그런데 도(道)는 상황이나 기능적 측면으로서 기(器)와 맞물려 매우 민감한 인식을 필요로 하는 것이었다. 당시 양무관료들에게까지 도(道)는 정교(政敎)였고, 기(器)는 기기(機器)로서 도(道)는 불변하는 것이라고 주장되었다. 이른바 조기에 변법을 주장한 왕도(王韜, 1828~1897)나 정관응(鄭觀應, 1842~1922) 같은 사람들이 기(器)에 정(政)을 포함시킴으로써 불변의 범위를 좁히기는 했지만 도(道)인 교(敎)는 여전히 불변하는 것으로 여길 정도였다. 이는 전제정부의 노선으로서 삼강오륜과 같은 통치 기제는 변화할 수 없다는 것을 의미한다.

그런데 과연 불변하는 것이 있을 수 있을까? 불변일 수 있다면 그 불변적인 것에 대한 실증이나 검증작업이 필요하다. 그러나 오랜 전제주의는 이를 생략한 채, 본질의 왜곡을 조장하였다. 단지 이름에

---

14 『仁學』 自敍 참조.

:: 우리나라의 근대 모색기에 정관응의 『이언(易言)』이 소개된다. 『이언』은 1880년(고종 8, 동치 10)에 간행된 책이다. 그는 광동성(廣東省) 샹산현(香山縣) 출신으로 1859년 17세 때 영국 선교사 존 프라이어(John Fryer, 傳蘭雅, 1939~1928)로부터 영어를 배운다. 프라이어는 담사동에게 서양의 과학 원리와 지식을 전하는 데 결정적인 역할을 한 사람이기도 하다. 정관응은 그 후 상해, 홍콩 등지에서 외국 상사의 매판(買辦)으로 30여 년간 일한다. 그러면서 서양인들과의 교제, 서양 문물에 대한 지식 습득 과정을 거친다. 이때 중국의 당면 문제 해결에 깊은 관심을 갖게 되는데, 『이언』은 그 구체적인 방안을 제시한 것이다. 그는 이 책 서문에서 『이언』이라 한 것은 『시경(詩經)』(「소아(小雅)」)에 있는 "군자무이유언(君子無易由言)"이라는 구절에서 따왔으며 『시경』에서 "군자는 말미암는 말을 가벼이 하지 말라"고 하였지만 자신은 정작 경솔하게 말하려 한다고 하여 『이언』 저술의 의미를 설명한다. 이 책은 수신사(修信使)로 파견된 김홍집에 의해 처음으로 조선에 전래된다. 그 후 이 책의 내용을 참고하여 부국정책을 추진해야 한다는 주장이 제기되자 1883년 복각본이 간행되었고 얼마 후 한글본 언해도 세상에 나온다.

불과하여 본질과는 무관한 것을 가지고 '천', '도'라고 하여 이념화시킨다. 본질 이상의 왜곡된 이름 붙임(名)은 또 하나의 망라로서 백성의 괴로움으로 이어진다.

담사동은 이 같은 전통가치관에 대한 불변적 인식에 대하여 문제를 제기한다. 그가 보기에 '천', '도'는 본질적으로 '인(仁)'을 의미한다. 공자와 같은 성인은 모두 변혁의 착수자로서 인민에 대한 망라타파의 주체이다. 성인들의 삶의 목적은 인(仁)의 실천에 있다. 그렇건만 그 반대되는, 저의가 의심스런 행위나 시대에 동떨어진 삶의 방식을 도라고 하면서, 공자의 이름을 걸고 불변적 가치로 강요하는 현상에 대하여 문제를 제기하고 나선 것이다.

그는 "누가 '말'이라 할 때 '말'이라 하면 되고, 누가 '소'라고 하면 '소'라 하면 된다"[15]는 입장에 있었다. 대상의 본질은 누가 어떻다고 말하든 그 본래적 실상(實相)에 손상을 가져오지 않는다는 것이다. 그런 점에서 본질을 오도(誤導)하는 '이름 붙임'을 문제삼지 않을 수 없고, '이름 붙임'이 본질과 벗어나 온갖 구속을 초래하는 수단이 되었다 할 때, 이름과 실질의 일치, 곧 명실(名實)의 제일(齊一)을 따지지 않으면 안 된다고 본 것이다.

그는 『장자』의 자유정신인 "도는 똥과 오줌에도 있다"는 다원론적 진리 접근법을 요청한다. 불교의 진리와 같이 아무리 위대한 것이라 하더라도, '똥 치기 막대'를 의미하는 '간시궐(乾屎橛)'이라 불러도 그것의 본질변화를 가져오지 않는다고 본다.[16]

어떤 대상에 대하여 우리가 '똥치기 막대'라고 한다면, 그것은 '이름'에 불과할 뿐, 이름 때문에 본질이 손상되는 것은 아니며, 어떤 것

---

15 『仁學』自敍: 呼馬, 馬應之可也. 呼牛, 牛應之可也.
16 『仁學』自敍: 道在屎溺, 佛法是乾屎橛, 何者? 皆名也, 其實固莫能亡矣. 惟有其實而不克旣其實, 使人反瞀於名實之爲苦 참조.

을 절대화하는 것 그 자체가 잘못되었다는 담사동의 인식이 있다.『운
문문집(雲門文集)』에 "스님이 부처란 무엇인가?"라고 묻자, "간시궐"이
라 답했다 한다(「무문관(無門關)」, 제12칙). '똥 치기 막대'라는 의미이므로
선종에서 가장 더러운 것, '쓸모없는 것'의 의미로 전용(轉用)해서 불성
(佛性)의 설명에 사용하여, 부처를 특별하게 여기거나 절대화하는 것을
경계했는데[17] 담사동은 이 같은 취지를 따른다.

3. 명교와 예교의 비판

중화문화권의 역사 과정에서, '천명(天命)'을 빌미삼아 삼강이나 오
륜은 시대에 걸맞지 않게 지배권의 전제 도구로 악용되어 왔다. 더없
이 견디기 힘든 인민 압박의 기제로 작동한 것이다.

당초 동중서(董仲舒, BC 170~120)는 공자의 "임금은 임금답고 신하는
신하다우며 아버지는 아버지답고 자식은 자식다워서 그 도리를 다해
야 한다"는 윤리 강상(倫理綱常)과 인의(仁義) 도덕사상을 근거로 하여
삼강오상설(三綱五常說)을 제출하였다. 여기서 군주, 아버지, 남편이라
는 삼강은 천명에서 나온 것으로 인식되었다. 동중서에 의하면, 천인
(天人)은 똑같은 기질과 정감을 갖추고 있어서, 서로 감응한다. 곧 천
(天)은 음양오행의 변화를 통과하여 그것의 군주정치에 대한 긍정이
나 부정을 체현(體現)한다.[18]

삼강의 예교(禮敎)는 전한(前漢)의 동중서에 의하여 제안되었지만,
그 연원은 전국시대 한비자(韓非子, ?~233 BC)로 거슬러 올라간다. 한비
자는 "신하는 임금을 섬기고 자식은 아비를 섬기며, 처(妻)는 지아비

---

17 西順藏 外, 譯註, 『仁學』, 岩波書店, 東京, 1989, 234쪽 참조.
18 潘富恩 外, 『程顥程頤理學思想硏究』, 復旦大學出版社, 上海, 1988, 46~47쪽 참조.

를 섬기는 것이다. 이 세 가지가 제대로 되면 천하가 다스려지고, 세 가지가 뒤집히면 천하가 어지러울 것이니, 이것은 천하의 일정한 도리이다. 현명한 왕이나 신하라 하더라도 바뀌지 않는 것이니, 인주(人主)가 비록 어리석더라도 신하는 감히 침범할 수 없다"[19]고 하였다.

『인학』에서 담사동은 동중서를 직접적으로 비판하지는 않는다. 그렇지만 자못 봉건통치권의 이권(利權)을 보호하고 말았다는 점에서 순자와 한비자를 향원(鄕愿)으로 여겨 강하게 비판한다.[20] 그들은 향원이란 이상만 높은 시골뜨기에 불과한 것으로 본 것이다.

'천(天)'을 들먹거리며 주장되는 삼강이라는 지도 이념은, 담사동의 사유에서 '지천통(地天通)', 곧 "인간이 사는 세계와 자연의 세계를 소통적 관점에서 접근"하지 않는 원리라는 점에서 배척된다.[21] 그의 사상에서, '천'이든 무엇이든 인간 앞에 놓이는 모든 것은 최소한 '사람'과 동등한 가치를 갖는 기준으로 접근되어야 한다. 하늘의 명령이라는 '천명'은 에테르의 조리로 전화된다. 천리도 에테르의 조리이다. 천도 이미 에테르로 설명되어 모든 것에 앞서 존재하는 평등의 원리가 '에테르의 조리'이다.

그런 점에서 중국 전통 철학의 "천명에의 순응"이나 천리의 보존은 "평등한 에테르의 조리를 따름"으로 대체된다.[22] 차별에만 그치는 윤상(倫常) 곧 오륜 오상과 같은 인간관계의 원칙이라면 담사동 사상에서 더 이상 삶의 기준이 되지 않는다.

채상사(蔡尙思)에 의하면 중국의 "예교(禮敎)는 예(禮)로써 교(敎)를 삼는다. 고대에도 명교(名敎)라 불렀으니, 곧 명분(名分)으로 교(敎)를 삼은

---

19 『韓非子』「忠孝」: 臣事君, 子事父, 妻事夫, 三者順則天下治, 三者逆則天下亂, 此天下之常道也. 明王賢臣而弗易也, 則人主雖不肖, 臣不敢侵也.
20 불평등을 초래하였다고 보는 향원의 언급은 『仁學』 19, 20, 29, 35, 39장에 보인다.
21 『仁學』 27장 참조.
22 『仁學』 상편 9장 참조.

것이다. 그것은 종교와 똑같은 양상의 작용을 불러일으켰지만, 종교의 형식과는 같지 않았다. 그것은 주로 윤리학이나 도덕철학으로 순수철학과는 다르다. 그것은 윤리와 정치를 밀접하게 결합하여 단 번에 발생한 것으로 윤리와 정치를 따로 나누었던 것은 아니다."[23]

이처럼 중국의 예교는 명교이다. 그것은 종교로서 역할하면서도 윤리와 정치를 결합하는 기능을 하였다. 명교란 이름의 종교에 가깝다. 어떤 이름을 맹신하는 것이다. 공자는 "군군(君君)·신신(臣臣)·부부(父父)·자자(子子)"를 주장하여 사회 구성원의 '이름에 걸 맞는 직분'의 이행으로서 명분 바로잡기를 요구하고 그것을 정치의 우선 순위로 삼았지만,[24] 그것은 미해결의 과제로 남아 이름은 하나의 종교적 불가침으로 신성시된 것이다. 역사 경험으로 볼 때, 헤게모니를 쥔 자들의 권력 사유화의 일환이다.

이런 상황에서 이름은 물러설 수 없는 권위를 형성한다. 임금이 신격화되고 남자의 권위가 맹신되고 가부장이 가족 구성원에 의해 공고한 위치를 점유하게 된다.

그 결과는 인민에 대한 불평등이요, 본질적으로 아래 머물지 않는 자연인의 고통이다. 군주 앞에 백성이라는 신하가 고통을 받고, 남편 앞에 아내가 떨며 아버지 아래서 자식이 제 역할을 못하는 것이다. 담사동은 이 점에 매우 유의한다.

그는 모든 판단의 기준을 '인(仁)'에 귀결시켜야 한다고 주장한다. 두 사람 간의 관계, 소통을 문제삼은 것이다. 지배권은 때때로 예의를 거세게 들먹거리며, 그것을 하늘이 정해준 절문(節文)이나 가장 적절하게 조절된 표현임을 강조하면서 나라 기강 잡기의 도구로 삼는다. 그런 점에서 역시 신성불가침의 예이다.

---

23 蔡尙思,『中國禮敎思想史』, 中華書局, 香港, 1991, 1쪽 참조.
24 『論語』「顔淵」11장 참조.

그러나 담사동에게 "예라는 것은 이미 지나간 발자취를 따라서 이름 붙인 것이다. 예로 되어버린 뒤에 이르러서는 이미 그것은 말단이다. 그 구분은 모두 인(仁)이냐 불인(不仁)이냐에 있기 때문에, '천지간에 인(仁)일 뿐이다'라고 하는 것이다."[25]

본질적으로 예란 인(仁)을 실천하기 위한 절차이다. 이를 잘 말해주는 것이 '극기복례'[26]이거니와, 시대상황에 무관하게 예에만 집착해버린다면 그 자체로 이미 예의 본질을 잃은 것일 수 있다. 이런 단계에 접어든 예교의 일환인 삼강오륜은 일반 백성에 흉해(凶害)를 끼치는 것일 뿐만 아니라 우민(愚民)의 술책이라고 담사동은 생각한다.

그는 군신(君臣)의 흉해(凶害)가 극에 달하여 부자(父子)와 부부의 인륜도 드디어 명분과 세력으로써 서로 강제하는 것이 당연시되었다고 인식한다. 이것은 모두 삼강이라는 이름의 해(害)됨이며 이름이 있는 곳에서 그 입을 막아 감히 외쳐 말하지 못하게 할 뿐만 아니라, 그 마음까지도 억눌러 감히 생각하지 못하게 한다고 본다. 백성을 어리석게 하는 술책 때문에 더없이 그 이름을 번잡하게 함이 존숭되었다고 한다.[27]

군주 홀로 삼강을 독점하고 부자와 부부라는 수직적 인간관계의 유지도 그 저의(底意)가 있음을 지적한 담사동은 윤리도덕을 강조하면서도 비윤리적인 군주의 표리부동한 면을 예로 들어 삼강이나 오륜의 허구를 단적으로 증명한다. 중국은 걸핏하면 윤상(倫常)이 남다른 것임을 스스로 자랑으로 여겨 외국 사람을 경멸한다. 그러나 군주된 사람은 윤상(도덕)이란 참으로 하나도 없다. 온 세상 사람들도 도리어 타성에 젖어 괴이하게 여길 줄 모른다. 유독 왜 그런가? 더욱 분개할

---

25 『仁學』상편 6장 참조.
26 『論語』「顔淵」1장.
27 『仁學』하편 37장 참조.

만한 것은, 군주 본인은 부부라는 인륜을 더럽히고 혼란시켜, 궁녀가 헤아릴 수 없을 정도로 많다. 그리하여 인간의 부부의 도를 일방적으로 끊어놓기 좋아한다고 담사동은 지적한다.

중국이 이른바 윤리도덕을 갖추고 있다는 자부심도 허상으로 비판된다. 외국에는 오륜이 없다는 점에서, 외견상 중국은 이미 자긍심의 여지를 갖는 것일 뿐, 그 오륜이라는 윤리도덕의 존재가 오히려 인간의 자연을 짓밟는 실상을 보지 못한다고 비판한다. 인간의 욕구에 있어서도 기본적으로 그 보장이 요청되는 일이지만, 환관(宦官)이나 궁녀 같은 인민이 윤상의 그늘에서 지배권에 의해 이용당하는 병폐를 적나라하게 또한 비판한다.[28]

군주권에 의해 자행되는 대(代)를 이을 자손이 많아야 한다는 사속설(嗣續說) 또한 왜곡된 것이다. 널리 후손을 남겨야 한다는 명분으로 육체적 욕망을 채우려는 지배자의 병폐를 담사동은 지적한다. "아주 오래 전부터 사람마다 모두 대(代)를 이을 자손이 있었다면 지구상에는 일찍부터 사람을 수용할 땅이 없었을 것인데, 중국은 온 중국 사람들의 세상이라 생각해본다면 한갓 널리 퍼뜨린 독부민적(獨夫民賊)의 후손만으로 무엇을 하겠는가?"[29]라는 의식이 그의 내면에 흐른다.

담사동이 삼강오륜을 비판하고 평등의 세계관을 정립하게 된 "직접적 원인은 그의 지난 생애에 경험한 고통"[30]이었다. 궁극적으로 "군주도 하나의 백성이었고 백성도 백성 가운데 한 사람일 뿐"이기 때문에 차별적 윤리는 지양되어야 한다는 점에서 예교(禮敎)를 비판한 것이다.

---

28 『仁學』 하편 37장 참조.
29 『仁學』 하편 37장 참조.
30 『仁學』 「自序」 참조.

제3장 평등의 인간관계론

1. 남과 나의 소통 – 인아통(人我通)

담사동에 있어 '인(仁)의 본질'은 통(通)이고, 모든 상대 세계와의 일체감의 공유이자, 대상 간 관계성의 확보다. 또한 "通의 모습은 평등으로",[1] 서로 만나는 대상 간에 분별이나 차별이 없는 상태이다.

그는 인간이 접하는 양자 간의 소통을 상하통(上下通)·남녀내외통(男女內外通)·중외통(中外通)·인아통(人我通)으로 압축한다.[2] 신분적 상하질서와 남녀 간 그리고 가정 내부의 내외간, 지역적으로는 중국과 외국 사이, 남과 나 사이에 있어 서로 간 관계성의 확보를 위한 장애물의 제거를 진행하는 변통을 요구한다.

『불경(佛經)』의 말인 "무인상(無人相), 무아상(無我相)", 즉 "남의 형상도 없고, 나의 형상도 없다"는 남과 나 사이에 경계를 두지 않는 '인아통(人我通)'[3]이 평등의 인간관계로서 '인(仁)'의 본질을 설명해주는 것으로 상정하는데, 오륜도 이 같은 기준에 의하여 그 변화를 요청한다. 오륜 가운데 붕우관계만 유지하고 나머지는 버림으로써 수평의 인간관계로 전환할 것을 담사동은 주장한다. 인간관계는 '평등'과 '자유', 그리고 '절제'에 기초해야 한다고 본다.[4] 거기에는 "절제하여 베풂"이라는 단서가 있어서 자유방임의 평등관계는 아니다. 이는 서구

---

1 『仁學』「仁學界說」七: 通之象爲平等.
2 『仁學』「仁學界說」四 참조.
3 『仁學』「仁學界說」四 참조.
4 『仁學』 하편 38장 참조.

민주정치 시스템의 자유와 평등 개념을 수용한 것으로 볼 수 있다. 나아가 담사동은 평등 기조의 붕우와 같은 인간관계를 역사 발전의 동인(動因)으로 파악한다.

붕우란 세속에 살든 세속을 떠나서 살든, 저버릴 수 없는 것이다. 공자와 예수 이래로 선유(先儒)들과 목사들의 수학(修學)을 위해서는 학회를 세우고 큰 무리와 연합하여 때로는 수천만 사람을 모아 친구로 삼았다[5]는 예를 들면서 이 붕우관계로 무리 짓지 않았다면 가르침도 학문도 나라도 사람도 없었을 것으로 보고 인(仁)도 붕우에 의존한다고 하였다.[6]

양계초가 '군변(群變)'을 역사 발전의 한 원리로 보았는데,[7] 담사동도 그 같은 의미로 붕우관계를 접근하였다고 할 수 있다. 당시의 개량파 가운데 양계초는 오륜의 유지 속에 공덕(公德)을 한층 강화하는 차원에서 그 정비를 강구하였다. 양계초는 무술변법(1898) 실패 후 일본으로 망명하여 『신민설(新民說)』을 써서 붕우 일륜(朋友一倫)과 군신관계가 국가윤리와 사회윤리로 작용하기 위해서는 재정비될 필요가 있다고 보았는데[8] 담사동의 견해와 맥락상 약간 통하는 면이 있다.

담사동은 『장자』(「천운(天運)」)의 "서로 (얽매임 없이) 잊는 것이 최상이고 효는 그 다음이다"라는 말을 받아 "서로 (얽매임 없이) 잊으면〔相忘〕 평등할 것이다"[9]라고 말하기까지 한다.

오노카와 히데미(小野川 秀美, 1909~1980)에 의해 중국 '윤리 혁명의 선창(先唱)'이라고까지 평가되고 있는[10] 양계초의 인간관계의 변화에

---

5 『仁學』 하편 38장 참조.
6 『仁學』 하편 38장 참조.
7 梁啓超, 「說群序」 참조.
8 梁啓超, 『新民說』, 「論公德」 참조.
9 『仁學』 하편 37장: 莊曰 '相忘爲上, 孝爲次焉', 相忘卽平等矣.
10 小野川 秀美, 『淸末政治思想硏究』, みすず書房, 東京, 1969, 6쪽 참조.

대한 희망도 오히려 이런 점에서 전체주의적이다. 이에 반해 담사동은 철저한 개체화(individuation), 개인주의 면모를 이미 보여주었다. 그는 붕우관계와 같은 수평의 인간관계를 역사 발전의 일반적 원리로 본다. 그러한 인간관계가 자주권의 확대를 가져오고 그로 말미암아 세상을 널리 바라볼 수 있다고 한다. 천문이나 지리와 같은 학문을 연구함으로써 사회의 번영을 도모할 수 있는 분위기는 붕우관계와 같은 수평적 인간관계에서 나오는 것으로 담사동은 인식한다. 그의 이상은, 군주제 통치원리에서의 구속 압박의 도구로 된 인간관계를 개조함으로써 사회 상황의 전환을 꾀하려는 현실적 의미도 포함한다. 모든 인간관계가 붕우와 같은 관계가 됨으로써 '민주'라는 '천국'의 의미를 살릴 수 있는 것으로 보았다.[11]

아울러 중국이나 외국이 변법을 활발히 논의하고 있으나, 오륜이 바뀌지 않으면 모든 훌륭한 원리와 중요한 도리는 다 효험이 없을 것으로 여겼다.[12] 그는 삼강과 오륜의 요소들이 중국의 장래에 대한 장해요소로 작용할 것임을 무엇보다 확실하게 믿고 있었던 것이다.

한편, 중국의 전통적 인륜 문제를 변법과 관련하여 논의하였던 것은 강유위와 양계초도 예외는 아니었다. 강유위가 '계(界)'에서 비롯된 '사(私)'의식이 '공(公)'인 평등을 저해하는 장애로 인식하고, 중국의 전통적 인륜의식을 부정하는 경향을 보여주었다고 할 때 담사동의 경우와 매우 흡사하다.

담사동에 있어 상대와 자기에 내재하는 분별의 해소에는 대대(對待)가 문제된다. 대대란 『주역』적 사유에 나타나는 '대립하면서 마주하는' 이항적 자연 이해로, 그는 이것마저도 거부한다. 그가 인식하기에 대대(對待)는 피차(彼此)의 구별에서 생기고 피차의 구별은 나를 의식하

---

11 『仁學』 하편 38장 참조.
12 『仁學』 하편 38장 참조.

는 데서 생긴다. 나는 한 사람이로되, 나를 대하는 사람이 남이면 둘
이 된다. 남과 내가 사귀면 셋이 된다. 이것저것 늘어놓고 뒤섞으면
아침에는 셋이었다가 저녁에는 넷이거나, 아침에는 넷이었다가 저녁
에는 셋이 되어 이름과 실질은 미처 어그러지지 않더라도 사랑과 증
오는 그로 말미암아 생긴다.[13]

　바로 '나'가 있음을 의식하기 때문에 망령되이 분별을 만들고 대상
간 해결할 수 없는 모순은 발생한다. 가장 좋은 해결법은 장자나 불
가적인 각도에서 우리의 아집을 버려 분별을 만들지 않는 것이다. 이
는 모든 대대 개념의 분쇄를 의미하면서, 조금도 차별의 경계가 없음
이다. 담사동에게는 그것이 바로 '인(仁)'의 실천이다.

2. 남녀평등론

　담사동의 사유에서, "남녀는 똑같이 하늘과 땅의 아름다운 꽃이며,
헤아릴 수 없는 훌륭한 덕과 큰 사업을 동등하게 가지고 있어서, 서
로 평등하고 균등하다."[14] 그는 "남녀내외통(男女內外通)"을 말하여 여
성에 대한 사회적 관습의 전환을 지적한다. 가부장제에서 시어머니와
남편의 구속으로부터 아녀자의 해방을 언급하고 여성이 핍박받는 관
습 문제를 역시 제기한다.

　그의 인식으로, "예(禮)는 음식에서 시작한다. 그러나 탐욕을 일삼
아 몸을 망치게 되는 것이 바로 이 음식 때문이기도 하다. 그렇다고
이런 사실을 경계하느라 음식을 폐기하여야 한다는 일은 없으니, 음
식에 불선(不善)은 없기 때문이다."[15] 그는 현실적 근거에서 인간은

---

13 『仁學』 상편 17장 참조.
14 『仁學』 상편 10장 참조.

일상적 감각적인 것을 떠나 존재할 수 없다고 본 것이다. 예는 먹고 마시는 것(음식)에서 시작하는 것임에도 불구하고 전통적으로 감각적인 것이 너무나 등한시되었고, 남녀의 경우 인간적인 차이가 없음에도 사회적 관습에 의해 여성이 사회로부터 격리되는 점을 그는 지적한다.

이른바 '천명'이라는 혈연적 관계와는 아무런 상관이 없는 인간관계임에도 불구하고, 며느리가 비인간적 대우를 받는 부당성에도 반기를 들어 여성 차별을 비판한다. 사람들이 말하는 것처럼 오륜이라는 차별적 인간관계가 설사 천명에 의한 것이라 하더라도, 시부모와 며느리 사이는 결코 혈연관계가 아닌 주빈(主賓)관계이기 때문에 난폭한 예우는 부당하다고 담사동은 지적한다. 더욱이 일헌지례(一獻之禮, 『예기』 「혼의(昏義)」편)를 언급하면서, 고대에 시부모가 며느리를 손님으로 맞이하여 일헌지례를 행하던 모습을 상기시키면서, 오히려 담사동이 살던 당시에 인간관계의 예의가 그 내용 면에서 낙후되고 있음을 암시한다.[16]

처음 주인이 술을 따라 손님에게 주는 것을 헌(獻)이라 하고, 다음에 손님이 주인에게 따라주는 잔을 작(爵)이라 하며, 또 주인이 잔을 따라 손님에게 주며 노고를 치하하는 것을 수(酬)라 하는 데, 이 헌·작·수를 합해서 일헌(一獻)이라 한다. 이 같은 예의 본질이 궁극적으로 존경의 표시에 있다 할 때, 중국 근대기 당시에 자행된 며느리에 대한 일방적 차별대우는 오히려 고대에 비해 낙후된 것이고 사회에 만연된 남녀불평등의 반영으로, 이는 전혀 어떠한 근거로도 정당화될 수 없음을 지적한다.

제반 불평등적 사회관습의 파기와 보완을 요청하면서, 담사동은

---

15 『仁學』 상편 9장 참조.
16 『仁學』 하편 37장 참조.

:: 여기서 좌측은 전족을 통해 변형된 발이다. 우측은 신발과, 그 신발에 의해 변형된 발의 모양이다. 전족은 언제 시작되었는지 알 수 없다. 이 전족제도를 담사동은 건강한 생명력의 말살정책으로 이해한다. 전제정권의 남성 위주 사회에서 여성이 자유롭게 왕래하지 못하도록 하는 기제로 작동했다고 본 것이다. 그런데 중국인들은 때로는 작고 아담한 발을 소유하기 위하여 심미 차원에서 전족을 즐기기도 하였다.

또한 전족(纏足)과 같은 관습의 해제와 창기(娼妓) 문제의 해결[17]에 큰 관심을 보이기도 한다. 그는 전족을 살인 행위로 파악한다. 그것은 물론 인(仁)의 반대 행위로, 사람을 사랑하지 않음에서 비롯된 도구이고, 살기(殺機)가 들어가는 행위이며, 전족이 언제 시작되었는지는 알 수 없지만 시사(詩詞)를 읊조리는 것에 나타난 것을 보면, 조송(趙宋) 때 시작되었던 듯하다고 담사동은 본다. 조송 이후를 돌아보건대 기악온[奇渥溫, 원(元) 몽고족의 성(姓)], 애신각라[愛新覺羅, 청(淸) 만주족의 성] 종족이 교대로 중화 민족의 중국을 지배하였는데, 그들이 전족을 행하게 하지 않은 한 가지 일 때문에 천명을 받는 일, 즉 정권을 장악하기에 충분하였다고 비평하면서, 전족을 중화문명권의 한 수치로 여겨 그 파기를 요청한다.[18]

담사동의 남녀평등에 관한 견해는 균등한 정감 표출과 공유의 문제로 확대된다. "남녀가 정(情)을 주고받는 것은 단지 음양의 두 기운

---

17 『仁學』 하편 47장 참조.
18 『仁學』 상편 10장 참조.

이 발동하는 것으로 조금도 수치스럽거나 부끄러울 것이 없다"[19]거나 "남녀 사이의 차이는 없다"[20]는 정감적 욕망의 공유가 그 바탕에 자리 잡고 있다. 이성에 대한 감정 발산이 인간의 본연이면서, 그것은 남녀가 공유한다.

남녀는 평등하다. 인간의 감정은 억제할 수 없는 것임에도 불구하고 세상의 부녀자들이 사물의 도리에 어두워, 부패한 유학자나 고로(古老)들의 그릇된 설(說)을 천지의 도리로 받드는 것도 잘못이지만, 어쩌다가 한번 잘못되어 위험한 관계라도 있게 되면 남에게 위협당해 죽을 때까지 입이 봉(封)해지고 마침내는 농락당하고 끌려가고 팔려서, 하녀가 되거나 창기로 윤락(淪落)하거나 분한 김에 목을 끊어 자살하는 사회 실정을 담사동은 비판한다.[21]

더욱이 남성의 속물근성에 의해 여성을 성적 대상으로 여기는, 남성을 중시하고 여성을 경멸하는 사상을 경계하여 변칙적인 음(淫)을 살(殺), 즉 사람을 죽이는 행위로 규정한다. 지배권의 지나친 음(淫)이 여성의 처참한 고통을 수반한다는 점을 지적하고, 이러한 음(淫)은 곧 여성의 죽음을 의미하는 것으로, 지배층인 소수가 진정한 음(淫)인 인민의 감정 발산은 억제하면서 음행을 독점해 왔음을 비판한다.[22]

아울러 그는 여성의 자주권을 인정할 것을 강하게 요망한다. 남성이 강(綱, 벼리, 리더)으로서 군림할 이유가 근본적으로 없기 때문에 여성도 남성과 같은 한 인간으로 대우해야 한다는 인식의 전환을 요청한 것이다.[23] 그의 문제의식으로는, 애당초 여자가 성적 도구로 세상에 태어난 것이 아니다. 이른바 여색(女色)이라고 하는 것은 화장품과

---

19 『仁學』 상편 10장 참조.
20 『仁學』 상편 10장 참조.
21 『仁學』 상편 10장 참조.
22 『仁學』 상편 10장 참조.
23 『仁學』 하편 37장 참조.

옷으로 치장한 것일 뿐, 그 화장품과 옷을 제거하면 피와 몸뚱이로 구성되어 우리 남자와 더불어 다를 것이 없다. 유별나게 좋아할 만한 아름다움은 없다. 그렇기 때문에 서로 만나도록 장차 유도하고 마음대로 서로 익히게 하면, 활짝 서로를 알게 되고 당당하게 서로의 차이를 잊고 오히려 친구처럼 서로 왕래하여 남녀의 차이를 느끼지 않게 될 것이다.[24]

---

24 『仁學』 상편 10장 참조.

제 3부

가야 할 새로운 길

제1장 중국의 길, 사람의 길
— 도(道)와 기(器)의 문제

1. 날마다 새로운 역동의 삶

담사동이 생각하기에 세상은 일신(日新)의 과정에 있고 그 본원은 다만 "에테르의 생동의 기틀"이다. 그리하여 만물은 끊임없이 자기 스스로 경신(更新)하는 자아운동을 진행한다고 본다.[1]

그는 『대학(大學)』의 "탕(湯)임금의 반명(盤銘)에 '참으로 일신(日新)이어든, 일일신(日日新)하며, 또 일신(日新)하라'"라는 날마다 새로운 변화에 대한 고대적 견해를 수용하면서,[2] 옛것의 변혁은 필연으로 그것은 에테르의 작용이면서 자연의 이치로 규정한다.

에테르의 미세한 생멸의 과정으로서 미생멸(微生滅)과 생동의 기틀에서 비로소 우주만물은 형성되고 진화하게 된다는 것이다. 마치 전기의 정부(正負)의 양극(兩極, 음극과 양극의 수용과 배척)처럼 에테르의 운동변화는 내재 모순의 "다르면 서로 공격하고 같으면 서로 수용하여 산이 무너지는 듯한 우렁찬 소리를 낸다"(異則相攻, 同則相取)는 자연관을 보여준다.[3]

그는 시간적 조건에 있어, 과거와 미래는 그 가치가 같고, "생(生)은 새로움에 가깝고, 멸(滅)은 지나감에 가깝다. 새로움과 지나감은 평등

---

1 『仁學』 상편 19장.
2 「湘報」 後敍(上) 『譚嗣同全集』 417쪽: 湯之盤銘曰, '苟日新, 日日新, 又日新.'
3 『仁學』 상편 19장 참조.

하다. 그러므로 과거와 미래는 평등하다"[4]는 입장을 견지한다. 시간을 과거와 미래라는 이원적 대립구조로 갈라놓지 않고 "현재는 찰나일 뿐이므로 과거"[5]라고 하여 과거에서 미래로 이어지는 연속성을 중시한다. "삼세일시(三世一時)"라고 하여 불가(佛家)의 설법을 써서 과거, 현재 그리고 미래는 한때로 볼 것을 권장한다.

그는 "하나와 다수는 서로 포용한다"(一多相容)의 흐름에서,[6] 대립구조─과거와 미래, 남과 여, 중국과 외국 등등─를 하나로 연결하여 보려는, 평등론적 시각을 시간 변화에도 적용한다. "과거와 미래는 모두 현재이다"라고 말함으로써 과거에 집착하는 복고주의자들에게 미래 지향의 정당성을 설득하는 듯한 모습을 띤다.[7] 물론 담사동이 전혀 복고를 말하지 않은 것은 아니다. 그렇지만 그에게 있어 복고는 실사(實事)에 관련한, 사변적 학문에서 인민대중의 생활과 직접적으로 관련된 실용적 학문의 발자취를 이행하는 실학적 복고였다.[8]

그는 끊임없이 새로운 변화가 존재의 법칙성이라는 관점에서 "새로움의 논의는 반드시 일신에서 끝까지 미루어 나가야 비로소 훌륭하면서 잘못이 없을 수 있으니, 이 점을 고수하여 치세(治世)와 학문을 언급한다면 참으로 어디 간들 일신을 귀히 여김 아닌 것이 없다"[9]고 한다.

그리하여 변법 유신이 일신의 공리(公理)에 부합하고, 봉건 수구파가 변법을 반대한 것은 일신의 공리에 위반한다고 비판한다. 그는 "변법은 부당하다"는 수구적 태도가, 조화(造化)의 살리는 기틀을 스

---

4 『仁學』 상편 仁學界說(15).
5 『仁學』 상편, 仁學界說(16), 15~16장 참조.
6 『仁學』 상편, 17장 참조.
7 『仁學』 「仁學界說」(16) : 有過去, 有未來, 無現在, 過去未來皆現在.
8 「報貝元徵」『譚嗣同全集』 上冊, 217쪽 참조.
9 「湘報」後敍(上), 譚嗣同全集 417쪽 : 言新必極之于日新, 始足以爲盛美而無憾, 執此以言治言學, 固無往不貴日新矣.

스로 끊는 불인(不仁)한 처사로 인식한다. 이 같은 변화관은 「이태설(以太說)」(1898)과 『인학』(1896~1897)에 제시되는데, 그가 이미 「패원징에 답하는 편지」(「보패원징(報貝元徵)」, 1895)에 보였던 견해를 흡수한 것이며 이는 서구 진화론적 세계관에 영향을 이미 받았음도 의미한다.

용어의 연원으로 볼 때 『시경(詩經)』(「대아(大雅)」)에서 거의 처음 볼 수 있는 '유신' 개념이 '일신'에 의해 설명됨으로써 수구의 배격을 두드러진 특색으로 하는 그의 변화관에는 서구 진화론에 영향받은 흔적이 또한 있다.

서양 지학(地學)과 생물 진화 이론의 영향을 받아 '나와(螺蛙)→어류·파충류·양서류→조류·수류(獸類)→인간'으로의 진화 과정에 대한 지식을 입수하고 있었던 듯하다. 인류는 본래 하나의 진화 과정이며, 점차 야수와 구별하게 되었고, 인류사회는 야만성으로부터 점차 문명으로 진보한다고 본다.[10] "지금의 광업과 상업은 이미 중국과 서양이 양립·병존(竝存)하지 못하는 상황이 되었는데, 서양서 『물류종연(物類宗衍)』에 나오는 '자연도태설(爭自存宜遺種)'의 '만물은 반드시 싸운 후에 비로소 스스로 살아남아 그 종(種)을 이어나갈 수 있음'"[11] 을 볼 때도 더욱 그렇다는 것이다.

그리하여 그는 중국이 만약 변법하지 않는다면 장차 도태될 것임으로 반드시 분발하여 자강을 도모해야 한다고 주장한다. 이러한 변화관은 우리의 감각기관으로 알아차릴 수 없는 미세한 생멸, 곧 미생멸(微生滅)로부터 시작하여 만물은 진화하는데, 그 최후의 것이 가장 낮다는 견해에 도달한다.[12]

---

10 「思篇」, 『譚嗣同全集』, 131쪽 참조.
11 「報貝元徵」, 『譚嗣同全集』 217쪽: 今之礦務, 商務, 已成中西不兩立不竝存之勢, 西書 『物類宗衍』 中有'爭自存宜遺種'之說, 謂萬物必爭, 而后僅得自存以綿延其種類也.
12 『仁學』 상편 25장 참조.

담사동은 천지만물은 일종 물질성의 진화 과정으로, 무기물에서 유기물·식물로, 식물에서 동물로 진화되더니, 다시 원숭이가 사람으로 진화하였다는 이론을 흡수한다. 인류도 물론 진화하였으니, 나중 사람의 총명과 재지(才智)는 이전 사람보다 낫다는 결론에 도달함으로써 자신이 상정한 변화 이론에 당위성을 보태고 있다.

그는 중국인의 역동성에 문제가 있음을 지적한다. 그는 인류의 역사가 활동성으로부터 시작하였다고 한다. "천행(天行)은 건강하다"고 함은 스스로 움직임이며, "하늘은 만물을 고동(鼓動)한다"고 함은 만물을 움직이게 두드린다는 것이다. "결실을 맺게 도와주는 것은 하늘의 움직임을 받듦이고, 군자의 학문은 그 움직임을 항상 지속되게 함이요, 길흉회인(吉凶悔吝)의 경계는 움직임을 바르게 함이며, 땅이 움직이지 않는다고 하는 것은 천문학(天文學)을 모르는 것이다"[13]라고 하여, 천지자연이 쉬지 않고 역동함을 강조한다.

담사동은 자연을 동적 존재로 인식함으로써 인류도 재앙이나 복지에 대한 능동적 대처를 요청한다. 천지가 본질적으로 활동한다고 보아 정적인 것보다는 역동성이 지향되는 것과 마찬가지로, 검약(儉約)보다는 사치(奢侈)가 그의 사상에서 지향된다.

그는 이이(李耳, 노자)의 처세술이 중국을 혼란한 지경에 빠뜨린 것은 '유정(柔靜)'이라는 가르침인데, 만일 역동적 힘이 지구상의 모든 생물을 죽이고, 천지와 귀신이 모두 불인(不仁)에 빠지게 하여버렸는데도 끝내 한 사람도 그 잘못을 조금도 알아차리지 못한다면, 그것은 검약일 것이라고 하여,[14] 천지는 본질적으로 운동함에도 불구하고 중국인들이 고요함을 지향하여 나라가 부강하지 못하게 한 이유를 노자철학으로 돌린다.

---

13 『仁學』 상편 19장 참조.
14 『仁學』 상편 20장 참조.

담사동의 진화론적 역사의식에는 교주와 같은 선구자의 사회 변혁을 위한 능동성과 역동성의 요청이 있다.

> 『역(易)』에서 음(陰)을 억제하고 양(陽)을 추켜세우는데, 〈그것은〉 곧 유정(柔靜)의 강동(剛動)과의 관계와는 다르다. 천하를 잘 다스리는 일에도 역시 이 도를 어찌 말미암지 않겠는가? 새롭게 하고 개혁하며,[15] 먼저 모범을 보여 힘을 내도록 하며,[16] 일어나 나라를 번영시킨다. 못쓰게 된 것은 회복시키고, 썩은 것은 바꾸는 것이다. 배불리 먹고 따뜻하게 입어 편안히 산다면, 짐승으로 퇴보하는 것을 두려워할 것이다.[17] 이이(李耳, 노자) 같은 사람이 나와 정(靜)을 말하여 동(動)을 경계하고, 유약(柔弱)을 말하여 강(剛)을 비난하였음을 언제 알았던가?[18]

음보다는 양을 지향하는 『주역』의 원리가 담사동의 사상에 채택되면서, 노자 사상이 비판된다. 부드러움과 정태적인 것보다는 굳셈과 역동성을 선호한다. 같은 도가이면서도 『장자』의 사유가 담사동의 사상에서 추구되고 있지만, 노자의 견해는 '유정(柔靜)'과 같은 '소극주의' 때문에 배격된다.

그리하여 프랑스 민주 혁명과 같은 역동적인 역사활동이 바람직한 것으로 인식되고,[19] 공자 가르침에 있어 마틴 루터와 같은 사람이 중국에 출현하기를 기대한다.

---

15 『周易』 「雜卦」.
16 『論語』 「子路」.
17 『孟子』 「滕文公章句」.
18 『仁學』 상편 19장 : 『易』抑陰而扶陽, 則柔靜之與剛動異也. 夫善治天下者, 亦豈不由斯道矣! 夫鼎之革之, 先之勞之, 作之興之, 廢者擧之, 敝者易之, 飽食煖衣而逸居, 則懼其淪於禽獸. 烏知乎有李耳者出, 言靜而戒動, 言柔而毁剛.
19 『仁學』 하편 34장 참조.

2. 길은 '통하여' 있다

19세기 후반 1894년 청일전쟁의 패배는 중국 사회 전반에 대한 반
성을 불러일으킨다. 근본적인 변화 없이는 현상 타파의 해결책은 있
을 수 없다는 인식이 있었다. 특히 주목되는 것은 양무운동의 파산이
다. 근대적 '변화'에 대한 관심에서 나온 양무운동의 주된 이슈는 "중
국적인 것은 본질이고 서구적인 것은 이용의 측면이다"라는 중체서용
(中體西用)이었다. 증국번(曾國藩, 1811~1872) · 이홍장(李鴻章, 1823~1901) ·
장지동(張之洞, 1837~1909)으로 대표되는 양무관료들은 중국의 도(道)란
바뀔 수 없다는 입장을 취한다. 장지동의 경우 유교, 종족, 국가의 보
존에 관심을 집중한다. 이에 앞서 그들의 관심은 군사적인 것에 치우
친다. 양무파는 당시의 변법파와 일정 부분 공통된 관심을 가져서, 실
제로 과거제도의 변경 · 학교의 개설 · 변법 · 실학 — 공업, 상업, 병기,
광업, 철로 — 의 진흥 등, 변법파와 공통된 정책을 말하고 있었고, 상
회(商會) · 광학회(鑛學會) 등 사대부의 자주적인 결합인 '학회'도 장려하
였다.[20]

그들은 서구 학문에 대해서도 수용하는 모습을 보여 법제와 기계
의 개량 등에 대해서도 적극적이었지만, "하늘은 불변하고, 도(道)도
또한 불변한다"는 노선으로 일관하였다. 서학에 반하여 중국의 학문
은 성스런 가르침이고, 그것은 삼강오륜으로 영원한 진리라는 입장
에서 물러설 줄 몰랐던 것이다.

이들과 달리 강유위로 대표되는 변법파는 양무파들과 근본적으로
입장의 차이를 보인다. 또한 담사동은 분명하게 도(道)는 현실 상황,
곧 기(器)를 떠나 존재하지 않는다는 입장을 보인다. 참으로 삶의 방
식이나 체제 또는 시스템을 의미하는 도는 현실과 떨어져 있지 않다

---

20 近藤邦康, 「淸末變法論と譚嗣同の思想」, 『史學雜誌』 69-6, 1960. 6, 42쪽(740).

고 본 것이다. 현실적 상황에 따라 인간 삶의 방식도 달라질 수밖에 없다고 보았는데, 이는 담사동이 그의 친구 패윤흔에게 1895년 보낸 편지에 잘 나타난다.[21]

그는 '성인'의 개념도 도(道)와 기(器)의 관계 속에서 파악한다. 중서(中西)와의 관계라는 현실적 의의에서 정의한다. 그에게 성인이란 현실 문제에서 '도'를 찾는 데 최선을 다하는 사람이다. 그런 점에서 중국만이 도를 사유(私有)하고 있는 것이 아니며 서양에도 있다고 한다. 나아가 중국과 서양 사이의 간격을 인정하지 않는다.

이러한 담사동의 견해에는 서구의 충격 아래 낙후되어가고 있는 중국의 현실 문제 치유란 양무관료들이 말하는 신성불가침의 중국의 도—삼강오륜, 성인의 도—와 같은 원칙의 변화 없이는 불가능하다는 근본적 문제제기를 내포한다. 중국의 "도는 본질이요, 현실은 작용에 불과한 것이다"〔道體器用〕라는 양무파 입장과는 반대로 "현실이야말로 본질적인 것이요, 도는 작용에 불과한 것이다"〔道用器體〕[22]라고 인식한 것이다.

"무엇이 본질인가"라는 물음에서 본질과 작용을 나누는 이분법적 사유는 가능하겠지만, 결코 둘은 떼어 논의할 수 있는 것이 애당초 아니다. 담사동은 이 점을 놓치지 않았다. 본래 형이상학적인 가치는 도이고 형이하적인 현실은 기(器)이다. 그는 '형이상학'이니, '형이하학'이니 하는 것은 본질로서 '도'와 현실로서 '기'가 서로 하나라는 것을 밝힌다.[23] 이는 '도'와 '기'의 소통성을 나타낸 것으로서 양자는 긴밀히 연결되어 있다고 본 것이다.

「보패원징」에서 성인의 도는 변화할 수 없다는 양무관료들의 입장

---

21 「報貝元徵」, 『譚嗣同全集』 上冊 197쪽 참조.
22 「報貝元徵」, 『譚嗣同全集』 上冊 197쪽 참조.
23 「報貝元徵」, 『譚嗣同全集』 上冊 196쪽 참조.

에 대하여 반대의 노선을 분명히 편다. 약 1년 뒤 이러한 견해는 『인학』에 반영되는데, 그는 『주역』에서 말하는 형이상의 도와 형이하의 기(器)에서 '상(上)'이니 '하(下)'니 함은 도와 기가 서로 하나임을 밝힌 것이라고 풀이한다.[24] 상하의 경계가 정해진 일은 본래 없었으므로 도와 기를 하나로 연결시켜 보아야 한다는 것이다. 담사동의 도기론(道器論)은 왕부지(1619~1692)의 "그 기(器)가 없으면 그 도(道)도 없다"[25]는 사상을 흡수한 것이다. 왕부지는 또 "기의 작용을 넓히는 것을 변통이라 하고, 기의 효능을 드러냄을 사업이다"[26]라고 하였는데, 담사동은 이를 계승하여 "도는 작용이고 기는 본체"라는 결론에 도달한 것으로 볼 수 있다.

평유란(馮友蘭, 1894~1990)은 담사동의 도기론의 사상사적, 사회사적 의의에 대하여 "유심주의 철학에서 말하는 '도는 체(體, 본질)이고 기(器)는 용(用, 작용)'이라는 인식을 뒤집었다. 이것은 곧 중국이 개변(改變)해야 할 점은 제조공업 방면에 있을 뿐만 아니라, 정치제도 방면과 더욱이 철학 방면에도 있음을 말해준다"[27]라고 평가하였다.

이러한 평가가 말해주듯, "상황이 변해도 도는 변하지 않으며"(器變, 道不變) "중국의 학문은 본질이고 서학은 작용에 불과하다"(中學爲體,

---

24 「報貝元徵」『譚嗣同全集』上冊, 196쪽 : 『易』曰 : "形而上者謂之道, 形而下者謂之器."曰上曰下, 明道器相爲一也.

25 「報貝元徵」에 『周易』「繫辭上」의 '形而上者謂之道, 形而下謂之器'에 관한 王夫之(衡陽王子)의 견해가 언급되고 있다. 왕부지는 『周易外傳』에서 형이상과 형이하의 구분이 없음을 말하고 있는데, 이러한 입장은 담사동에 의해 그대로 계승되는 것이지만, 그와 관련한 道와 器에 대한 견해도 담사동은 따르고 있다. "……'上下'者, 初無定界, 從乎所擬議而施之謂也. 然則上下无殊畛, 而道器无異體, 明矣. 天下惟器而已矣. 道者器之道, 器者不可謂之道之器也. '無其器則無其道'……"[『周易外傳』卷五 「繫辭上傳第十二장 二」(王夫之, 船山全書(第一冊), 嶽麓書社, 湖南, 1027~1028쪽)].

26 『周易外傳』卷五,「繫辭上傳第十二장 二」(王夫之, 船山全書(第一冊), 嶽麓書社, 湖南, 1028쪽).

27 馮友蘭, 『中國哲學史新編』(6冊), 人民出版社, 北京, 1989, 143쪽.

西學爲用)는 관점의 부정을 통해, 물질적 작용력과 그 본질을 동시에 학습해야 한다는 시대적 요구를 담사동은 반영하였다 할 수 있다.

중국의 갈 길, 도는 상황에 의존하고 현실적 작용력은 본질적인 것이며, 상황이 변하면 가야 할 길도 반드시 덩달아 변한다는 관점은 변법유신의 이론적 근거였다.

우리가 살아가는 방법이나 방식 이상으로 도에 추상적인 의미를 부여하는 것을 거부한 것이다. 담사동은 또 "스스로 도를 말하는 사람이 법(法)에 의존하지 않고, 더욱이 법을 거친 것이라 생각한다. 이른바 '법보다' 정교한 것을 따로 구한 것이더라도, 도가 붙을 기(器)가 없다면 도는 도가 아니다. 법은 시간과의 관계 속에서 변한다"[28]고 하여, 도는 현실적 삶의 방식인 법에 의존하는 것으로 파악한다. 법에 의존하지 않는 도는 근본적으로 없으며, 시대가 다를 때 그에 따른 또 다른 법이 있어야 함을 말하여, 궁극적으로 도와 법이란 구체성, 현실성을 띠는 것이어야 하며, 그것은 시대 조건과 더불어 유동적이며 유연하게 변하는 것으로 인식한다.

담사동이 처한 암울한 시대상은 참으로 막힌 세상이었다. 상황 인식뿐만 아니라, 완고한 지배 이데올로기가 강요되는 세상이었다. 온갖 삶의 이치란 '기변(器變)'이라는 '현실의 변화'의 과정에 존재하고 그에 따른 인간의 삶의 양식의 변화가 불가피함에도 불구하고, "하늘은 불변하고, 도(道)도 또한 불변한다"라는 강요된 목적합리성이 시대 상황과 무관하게 작동하고 있었다. 이에 담사동은 고래로 유행한 천인상관(天人相關)의 맥락인 '천불변(天不變)'의 자연관을 통해 인간이 지향해야 할 '도'도 역시 불변한다는 가치관에 반기를 들고, 『장자』의 "도통위일(道通爲一)", "우주자연의 입장에서 본다면 도(道)는 통하

---

28 「報貝元徵」『譚嗣同全集』200쪽: 自言道者不依于法, 且以法爲粗跡. 別求所謂精焉者, 道無所寓之器, 而道非道矣. 至于法之與時爲變也.

여 하나가 된다"는 시선을 견지한다.[29] 그는 살아가는 道, 삶의 시스템, 방식, 법칙성은 소통성을 확보해야 하고 제반 불평등의 삶의 체제는 척결되어야 한다는 입장을 강하게 표출한 것이다.

---

29 담사동은 「인학자서」, 「인학계설」(3), 『인학』 하편 43장에 반복적으로 "도통위일"을 언급한다.

제2장 서체중용과 전반서화(全般西化)

　담사동은 1894년에서 1896년에 이르는 동안 청일전쟁의 패배로 증명된 피상적 개혁의 파산에 깊이 고뇌한 나머지, 개혁의 필요성을 확신하고 국가 위기에 대한 해결책을 찾으려 노력하였다.

　청일전쟁이 담사동의 강한 반성을 불러일으켰다는 점은 매우 보수적 정치 성향을 가진 '패윤흔(貝允昕)'이라는 친구에게 1895년에 쓴 편지인 「보패원징(報貝元徵)」[1]에서 알 수 있다. 편지 전반의 기조를 이루는 것은 전반서화(全般西化)에 대한 강력한 희망이다. 단 일 년 전만 해도 담사동은 그의 주요 저작집 「학편(學篇)」과 「사편(思篇)」을 포함하는 『석국영려필지(石菊影廬筆識)』에서 어떠한 정치적 관심도 보이지 않았지만, 청일전쟁의 패배는 그를 정치개혁가로 바꿔놓은 것이다. 그가 패윤흔과 그 일파의 잘못된 견해를 반박함으로써 제안한 전반서화는 『인학』에 그대로 이어지면서 철학화된다.

　이때 담사동이 취한 자세는 대내외적인 '제반 영역에 걸친 인식의 경계 넘기'였다. 그는 '중(中)'이라는 중화중심주의에서 벗어나 중국 밖의 '외(外)'인 서구문화에 상당한 동경을 보인다.[2] 그는 중국의 학자층, 특히 유림의 폐쇄성을 지적하면서 정치체제를 '민주·군민공주(民主·君民共主)' 체제로 전환할 것을 요청하기도 한다. 민주나 군민공주의 정치체제의 수용을 제기하면서 '서체중용'으로 나아간다.

　그의 입장으로 중국 사람들이 걸핏하면 서양 사람들은 윤리도덕이

---

1 『譚嗣同全集』 196~230쪽 참조.
2 「論學者不當驕人」 『譚嗣同全集』 下册, 401쪽 참조.

없다고 꾸짖는데, 이는 매우 옳지 않다. 윤리도덕이 없다면 나라가 어떻게 존재할 수 있었겠는가? 그것 없이도 오히려 나라가 평화와 번영을 이룩할 수 있었다면, 또다시 무엇 때문에 윤리도덕을 필요로 하였겠는가? 서양 사람들은 윤리도덕을 최대한 강구하였고, 아울러 그것은 더욱 정교하면서도 더욱 실질적이었다는 것이다.

정치체제로 볼 때, 민주·군민공주(君民共主, 의원내각제)는 그 자체로서 이미 윤리도덕 가운데 공평한 것이라고 담사동은 인식한 것이다. 이 외에 서양 사람들이 병사를 징집할 때, 독자의 경우 가정에 머무르게 하여 부모를 봉양하게 하는 조항과 거상(居喪, 장례를 치르는 일)을 가장 중요시하는 예(禮)가 있으니, 중국 사람들이 으레 말하는 아비와 자식을 업신여기는 일이 없다. 일부일처(一夫一妻)의 세상을 스스로 운명적인 것으로 여겨 첩(妾)을 두는 일이 절대로 없으니 이 또한 부부 윤리가 매우 올바르게 존재하는 것이 된다고 하여[3] 서구 문화를 근본적으로 수용하여 중국의 변화를 모색할 것을 강하게 요청한다.

일반적으로 학자들의 서양적 문화 소산은 중국에 맞지 않는다는 견해를 부당한 것으로 보면서 그러한 논리들은 근거가 없음을 비판하면서 중국과 외국의 상호 소통을 의미하는 중외통은 국제 간의 인(仁)을 실현하기 위한 방법으로 인식된다.

중국과 외국의 관계도 평등하다는 견해를 내포하는 중외통의 표방은 표면적으로는 관념적임에도 불구하고, 여기에는 중국의 개방에 대한 담사동의 현실적 희망이 담겨 있다. 안으로는 농업과 공업, 그리고 상업의 적극 장려를 희망하였고 밖으로는 자유무역을 표방하는 현실적인 면도 있다. 이런 의미에서 중외통의 '통'은 통상(通商)을 의미하기도 하는데, 『인학』 이전의 저작에서 이미 보여준 중국의 전반 서화(Complete Westernization)에 대한 희망이 중외통으로 정리된 것으로 볼

---

3 「論學者不當驕人」『譚嗣同全集』下冊, 401쪽 참조.

수 있다.

그의 평등론과 관련지어 볼 때, 중외통은 중국과 외국 사이의 평등 이상으로 상인(相仁)하는 방법이면서 중국 문제의 해결에 필요한 변통의 방안이다. 여기에는 중국의 개방이라는 현실적 제안인 자유무역이 포함되어 있어서 매우 선구적이면서 급진적인 면이 없지 않다.

그는 "인(仁)은 소통을 최고의 의미로 삼는다"[4]는 의미를 대외적인 관계의 원리로 그 적용을 확장한 것이다. 이 중외통은 강유위로부터 배운 대동주의와 그 의미상 자연스레 상충하지 않으면서 외국의 존재를 인정한 것이기도 하다. 이는 또한 리쩌허우(李澤厚)가 "당시의 사회 상황을 언급하면서 강유위를 농후한 조화 색채를 띤 좌익 온건파로 담사동을 좌익 급진파로 분류, 형성 중에 있거나 전화(轉化)되기 시작한 자산 계급의 욕구를 반영하고 있다"[5]고 본 의미로 풀이할 수 있다.

따라서 이 '중외통'은 또한 당시의 중하층 지식인과 소자본 계층의 견해를 대변하는 경향을 나타내준다. 공업기술의 발달이 급선무지만, 통상에 의한 국내 수요의 충당, 즉 제품 공급의 대외의존, 무역의 균형이 불가피하다는 제의로도 해석이 가능할 것이다. '상인(相仁)'으로 표현되는 호혜관계는 통상을 염두에 둔 현실적 적용이었음이 두드러지지만, 이에 보호관세의 철폐라는 매우 선진적인 주장도 포함되어 있음에 주목할 필요가 있다.[6]

그는 대내적으로 중국 안에 존재하는 '경계'도 인간생활에 불편을 준다고 하여 대외개방의 필요성을 제시한다. 그가 보기에 "지금의 오초(吳楚, 양쯔강 하류지역)는 오랑캐의 지역으로 허난(河南), 산둥(山東)에

---

4 『仁學』 상편 「仁學界說」 (一) : 仁以通爲第一義.
5 李澤厚, 『中國近代思想史論』, 人民出版社, 北京, 1979, 186쪽.
6 『仁學』 상편 23장 참조.

서 볼 때 엄연히 하나의 외국이었다. 문득 양쯔강을 경계로 하여 지킨다면, 남쪽에서는 북쪽에 이르지 못하고 북쪽에서는 남쪽에 이르지 못하여, 일상생활에 필요한 음식물을 각기 그 땅에서만 얻어야 하고 한 번도 왕래하지 못하였을 것이다."[7]

경계를 지우는 일이란 이치에 맞지 않는다고 보았는데, 증기선·철로·전신·전화 등과 같이 천리를 얼마 안 되는 거리로 단축시키는 수단이 있음을 볼 때도 중국과 외국의 구분은 본래 없다[8]고 하여 외국과의 교류를 당연시한다.

일면 담사동이 "중외통은 대부분 『춘추(春秋)』에서 취하였는데, 태평세에는 먼 나라와 가까운 나라·큰 나라와 작은 나라가 하나이기 때문이다"[9]라고 하여, 다소 이상적인 뉘앙스를 준다. 그렇지만 난세 해결을 위한 매우 현실적인 혜안(慧眼), 자본주의 경제제도의 도입을 강하게 제안한 것은 오늘의 중국을 떠올리게 하는 거시적 대안을 열정적으로 표현한 경제사상가적인 면모도 담사동이 지니고 있었음을 짐작하게 해준다.

---

7 『仁學』 상편 23장: 今之吳楚, 古之蠻夷也, 自河南山東視之, 儼然一中外也. 驟使畫江而守, 南不至北, 北不至南, 日用飮食, 各取於其地, 不一往來焉.
8 『仁學』 상편 23장 참조.
9 『仁學』 「仁學界說」(四): 中外通, 多取於春秋, 以太平世遠近大小若一故也.

제3장 대동태평세의 역사 변화

1. 역순삼세설의 역사 변화

강유위나 양계초와 마찬가지로, 담사동도 유교적 유토피아를 상정한다. 그들이 꿈꾼 대동세는 중국 사회, 곧 청대 말기의 현안들이 말끔히 해결된 세상이다. 강유위의 영향을 받아 대동주의를 표방하게 되는 담사동이 1896년 7월 난징(南京)에 도착하였을 때, 양문회(楊文會, 1837~1911)가 유신변법을 찬성하고 수구파에 대해 비난하는 견해를 피력하자 비상한 관심을 갖게 된다. 이때 그는 국제정세로부터 불학(佛學)에 이르는 이론을 그로부터 듣는다.

재가불자(在家佛者) 양문회 거사(居士)는 신사(紳士) 가정에서 태어난다. 그의 아버지 양박암(楊樸庵)은 증국번(曾國藩)과 같은 해에 진사(進士)에 오른다. 그는 태평천국군에 의하여 항주에서 쫓겨나 우연히 「대승기신론」을 접하게 되는데, 이때부터 불교 경전과 깊은 인연을 맺는다. 그는 1866년 난징에 금릉각경처(金陵刻經處)를 설립하여 불경을 간행한다. 1878년 중국을 떠나 영국과 프랑스를 방문하여 몇 가지 과학기구를 들여와 중국 연구

양문회(楊文會, 1837~1911)

자들에게 기증하기도 한다. 1886년 또 다른 영국 여행 기간 중 일본의 불교도 난조 분유(南條文雄)를 만나 교분을 쌓았고 난조의 도움으로 양 문회는 중국에서 분실된 약 300개의 불상을 일본으로부터 회수할 수 있었다. 1894년 그는 영국인 선교사 리처드 티모시(李提摩太)와 함께 「대승기신론」을 영어로 번역한다.

1896년 8월 상하이에서 왕강년(汪康年)이 총판(總辦)이 되고 양계초가 주편(主編)이 되어 『시무보(時務報)』를 발행하여 유신변법을 선전하기 시작한다. 양계초는 유창한 문필(文筆)로 봉건전제(封建專制)를 비판하고 서방의 자본주의 제도에 대한 열정을 보였는데, 이때 담사동은 상하이에 도착하여 오덕숙(吳德瀟)과 그의 아들 오초(吳樵)를 처음 만난다. 오초는 활동을 시작한 지 1년이 경과한, 학식이 풍부한 사회운동가였는데, 두 사람은 허심탄회하게 시정(時政)을 논의한다. 오초와 담론하는 가운데 담사동은 양계초를 매우 흠모하는 모습을 보였고, 이때 담사동은 곧 양계초를 만난다. 양계초와 담론을 나누던 중 강유위의 변법사상 등에 관한 이야기를 듣고 강유위의 '사숙제자(私淑弟子)'라 스스로 일컫게 된다.[1]

이 같은 과정을 거쳐 담사동은 대동론에 관심을 갖게 되고, 사회변화의 사유를 진행한다. 당초 『예기』(「예운」편)에는 대동과 소강의 두 가지 사회를 말하였다. 소강세는 어정쩡한 상태로서 아직 평화가 정착되지 않은 시기라면, 대동세는 요순시대가 이에 해당한다. 임금이 있는지 없는지 모를 정도로 평화를 구가하는 천당 같은 세상이다.

하·은·주라는 우·탕·문무·주공이 다스리던 때가 있었는데, 이 시기가 바로 소강의 상태이다. 역사는 계속 불평화의 과정으로 뒷걸음질 쳤다고 담사동은 본 것이다.

---

1 段本洛 編, 『譚嗣同』, 江蘇古籍出版社, 1985 2刷, 30~31쪽 참조.

담사동이 살고 있었던 시기는 극도의 혼란 시기인 '거란세'이다. 그의 인식으로 역사는 대동(태평세)→승평세(소강)→거란세의 거꾸로 된 삼세로 진행되었다 본다. 당시까지 역삼세의 과정으로 여긴 것이다.

그의 희망으로는 역사는 현재의 거란세를 딛고 대동태평세로 간다는 것이다. 곧 거란세→승평세→대동태평세로 진행될 것이라고 본 것이다. 당시를 기점(起點)으로 순삼세의 역사 과정을 맞을 것이라는 낙천적인 신조가 있었다.

그리고 담사동의 삼세설에는 '대동태평세→승평세→거란세 / 거란세→승평세→대동태평세'라는 2중의 단계가 있다. 앞단계는 역삼세(逆三世)이고 뒷단계는 순삼세(順三世)가 된다. 그것은 『주역』의 건괘(乾卦)에 의해 설명되는데, 그 내괘(內卦)는 역삼세의 역사 과정이고 외괘(外卦)는 순삼세의 그것으로 여겨진다. 그리하여 인류사회가 태평세→승평세→거란세→승평세→태평세로 변화한다는 역순삼세(逆順三世)는 그의 가정이자, 확신이다.

그의 역사 인식에는 저급에서 고급으로 가는 과정이 있다. 일정 부분 진화론적 사유가 내포되는데, 그는 삼세설을 통해 역사 과정뿐만 아니라 정치체제나 사람의 일생 변화 과정까지 포괄하여 설명한다. 그에 의하면 태초의 정치체제는 원통(元統)으로 군주도 교주도 없었다. 그때는 원시 공산사회와 같은 태평세로서 인간사회를 다스려야 할 지배권이 필요하지 않았다.

강유위가 활용한 『예기』「예운」편의 소강(小康)·대동설의 모습이 담사동의 삼세설에도 채택되고 있는데, 승평세에 군주가 출현하면서 교주가 등장하기 시작하고 '거란세'라는 혼란기에는 변혁을 위한 교주가 활동한다. 공자와 같은 교주가 등장한다. 담사동의 삼세설에서 군주와 교주는 대립관계인데, 군주의 출현은 교주의 출현을 불가피하게 초래한다. 군주의 인민에 대한 압박적 요소-불평등-를 제거할

교주가 필요하다.[2]

담사동의 순삼세, 곧 거란세→승평세→태평세는『주역』건괘 외
괘의 변화 과정으로, 거란세는 공자 이후부터 담사동이 맞고 있는 혼
란한 사회 상황의 시기로 가정된다. 이 혼란기를 벗어나면 온 세상이
한 군주와 한 교주를 맞이하는데, 이때는 이른바 대일통(大一統)의 시
대로서, 천하가 한 몸이 되는 세상이자 대동세로 옮겨가는 과도기이
다. 이때 세상 교화와 변혁은 교주에 의존한다. 최후 대동태평세에
이르면 군주도 교주도 필요 없는 때가 되는데, 사회 변혁을 거친 상
태여서 사람들은 제각기 군주와 교주의 덕을 갖고 세상을 살아가기
때문이다.

역삼세의 거란세는 하·은·주 3대의 군통(君統) 시대인 반면, 순삼
세의 거란세는 공자 이후 청나라 말기까지의 봉건 전제통치의 시기
이다. 승평세는 군주 입헌의 자본주의 시대를 가리키고, 태평세는
'민주'를 철저하게 실시하는 시대로, 이것은 이상적 대동사회이면서
사회 진화의 마지막 단계이다. 역삼세의 태평세가 자연 상태의 평화
시기였다면 순삼세의 그것은 교주의 변혁에 의해 유토피아가 회복되
는 시기이다.

담사동의 '양삼세설(兩三世說)'은 새롭고 독창적인 면이 있다. 강유
위의 삼세 역사진화론은 거란세의 역사 범위에 대하여 분명하지 않
게 말한 것이 있다. 그 이유는 강유위가 유신 실무에 눈코 뜰 새 없
었기 때문이라는 견해가 있지만,[3] 담사동이 그의 생존 당시를 거란세
로 설정하여 전후의 시기를 비교적 구체적으로 구획했다는 점에서
강유위 삼세설을 진일보 발전시켰다 할 수 있다.

거란세는 인류사회역사의 진화발전 과정 중 하나의 특정 단계이다.

---

2 『仁學』하편 48장 참조.
3 孫春在,『淸末的公羊思想』, 臺灣商務印書館, 臺北, 1985, 206쪽 참조.

담사동은 봉건 전제군주 통치 이전 인류 역사의 진보 발전을 비교적 명쾌하게 서술하였다. 강유위는 도리어 이러한 인식 수준에 도달하지 못하지만,[4] 담사동은 "나중은 이전보다 낫다"[5]는 신조에서 역사가 『주역』의 건괘의 변화처럼 순환하는 것처럼, 태평세→승평세→거란세→승평세→태평세로 발전시켜 그가 살던 당시인 거란세를 기점으로 순환, 변화한다고 보아, 과거와 미래 전망을 더불어 진행할 수 있었다.

2. 현실 변혁자, 공자

도(道) 자체를 가변으로 본 담사동의 사상에서, 성인은 현실 변화를 모색하는 사람이다. 성인은 스스로 자기의 힘을 다하는 진기(盡己)의 행위를 포괄하는 개념인 점에서 복고 관념이 어느 정도 있지만, 그가 말하는 성인의 도는 의미가 변화된다.[6] 그의 「보패원징」에서 표명하였듯이, 성인은 현실 문제에 대한 실사 추구자이다.

『서경(書經)』(「익직(益稷)」)의 육부(六府)의 우두머리가 민생(民生)에 힘쓴 신화가 '성인'을 뜻하는데, 그가 희망하는 성인의 모델은 인민들의 복지와 관련된 정사에 힘쓰는 지배권이다. 같은 의미에서 "변혁에 착수하지 않는 일은 성인을 기만하는 행위"[7]로 『인학』에 표현된다. 따라서 군신관계와 같은 등차질서를 유지하여 인민을 구속하고 시대의 변화와 무관한 획일화된 통치노선은 모두 성인의 도 저편이다.

한편, 담사동의 사상에는 성인과 더불어 교주의 역할이 크게 대두된다. 교주는 자기 희생적 변혁의 착수자로서 평등의 실천을 위한 이

4 曾樂山, 『中西哲學的融合』, 安徽人民出版社, 1991, 63~64쪽 참조.
5 『仁學』 상편 25장 참조.
6 高田淳, 『中國の近代と儒教』, 紀伊國屋書店, 東京, 1981, 93~93쪽 참조.
7 『仁學』 상편 29장 참조.

상적 행동주의자이다. 공자·묵자·예수·석가와 같은 사람들은 모두 평등을 위한 변혁의 착수자로 이해된다.[8] 또한 임협(任俠)이나 유협(游俠)의 정신을 통한 변법자강의 실현을 기대하기도 한다. 어떠한 이득도 기대하지 않는 용기 있는 사람이 중국의 변법에 효과적이라고 본다.[9] 그가 무술혁명(1898)의 실패를 맞이하여 일부러 죽음을 무릅쓴 사실은 이 같은 행동주의를 최종적으로 실천한 것으로 풀이할 수 있다.

그의 사상에서 종교와 교주는 태평세로 가기 위한 과도적 단계에서의 변혁의 임무를 띠는데, 예컨대 공자는 "안 될 줄을 알면서도 시행에 옮기려는 사람"[10] 변혁 임무의 수행자이다. 공자는 변혁의 교주로 인식된 것이다. 인민의 열악한 삶의 조건 변혁이 교주의 도라고 할 때, 그런 상황의 해소가 "천하에 도가 존재하는" 상태이다.[11]

따라서 공자의 '도' 실현은 현실 변혁의 완료를 의미한다. 공자가 『논어』에서 말한 "세상에 도가 정착되었다는 소식을 들었을 때 저녁에 죽어도 좋다"[12]는 의미는 온 세상에 평등이 실현된 대동태평세이므로 교주의 임무는 끝난 것이 된다. 불평등의 세상인 난세를 넘어 대동사회가 되어 평등이 이미 실현되었으므로 선구자의 역할은 더 이상 필요 없기 때문이다.

---

8 『仁學』 하편 48장 참조.
9 『仁學』 하편 34장 참조.
10 『仁學』 하편 48장: 知其不可爲而爲之者, 孔子也.
11 『仁學』 하편 48장 참조. 嗚呼! 尊敎主者, 寧敎主之願也哉? 有惡劣之衆生, 而後有神聖之衆生, 而後有神聖之敎主, 不願衆生之終於惡劣, 故亦不願敎主之長爲神聖, 此推窮治理, 必以無敎爲極致矣. 孔子曰 '天下有道, 丘不與易也'. 孟子曰 '予豈好辯哉? 予不得已也'. 夫敎主之出現, 誠不幸而遇於不得已焉耳. 悲夫悲夫.
12 『論語』 「里仁」 8장.

제 4 부

새로운 이성 찾기—정감의 철학

제1장 욕망 속의 이성

1. 자연에 순응하는 삶

중국 철학은 연원적으로 자연과의 합일에 기초한다. 시원유가(始原儒家)의 천(天)이든 노장사상의 무위자연(無爲自然)이든, 이른바 천일합일이라는, 자연과 인간의 조화에 관한 사유가 고대에서부터 매우 강하게 자리 잡고 있었다.

그만큼 인간은 자연에 순응하여야 한다는 신념을 지니고 있었고 삶의 양식도 이에 따르는 것이 요구되었다. 순자 철학의 경우 인간성을 포함한 자연적인 것을 대상화하여 그 극복을 요청하기는 하였어도 청대 말기까지 이른바 자연 질서에 순응하는 인간의 수동적 자세는 계속 요청되었다. 이에 자칫 인간은 자연에 매몰될 여지가 없지 않았다.

이에 반하여 중국 근대에 접어들면 이러한 자연관은 변화를 맞이한다. 아편전쟁 전후 시기 공자진(龔自珍) 같은 사상가의 자연관에서도 이전과는 사뭇 다른 면모를 발견하게 된다. 천(天)을 물리적, 기계적 '자연현상'으로 보는 일면이 강하게 나타나는데, 마찬가지로 담사동에 이르면 보다 근대화된 자연 인식이 진행된다.

과연 자연이란 무엇인가라는 근원적인 회의는 사물 인식의 변화에 커다란 영향을 준다. 그의 철학에서 인간은 더 이상 자연에 종속되지 않는다. 그에게는 자연적인 것이 이성적인 것이고 인간적인 것은 이성적인 것이다. 원초적 본능 같은 욕구와 욕망을 포함한, 모든 인간적인 것이 '합리주의'라는 미명 아래 억제된다면 이것은 이미 불합리한 것이 되고 만다. 먹고 마시고 이성(異性)을 갈망하는 음식남녀(飲食男女)의 문제가 인간의 자연적(생득적) 욕구라면, 그 이상을 추구하는 의미의 외적 대상에 의해 발생하는 욕망도 결코 이성(理性)에 반하는 것이 아니다. 욕망의 성취를 위한 물질적 추구, 곧 재화의 생산이나 합리적 소비라면 이성(理性)에 부합하는 것으로 천리, 곧 자연의 이치에 반하는 행위가 아니다. 송명(宋明) 이학과 같은 이전 사유에서 비이성적인 것이, 담사동의 철학에서는 오히려 이성적인 것이 된다.

2. 이성과 욕망의 문제

송명이학에서 자연과 인간의 조화 모색은 존재론의 인생철학적 전개이다. 철학과 윤리학의 차이를 때로는 이렇게 규정하는 경우도 있거니와,[1] 이 시기의 금욕주의 표방인 "천리를 보존하고 인욕을 제거함"에서 '인욕'은 욕망으로 욕심이나 사욕(私慾)으로서 비합리적인 것 곧 비자연적인 것으로 인식된다.

욕망, 곧 인욕의 어원은 『예기』 「악기(樂記)」에서 비롯한다. 거기에는 이런 글이 있다. "사람이 태어나서 고요한 것은 하늘의 성품이요, 외물의 감촉에 의하여 움직이는 것은 성품의 욕망이다. 사물에 이르러 지력으로 좋고 싫은 것이 구분된다. 이 좋아하고 싫어하는 것이 마음 속에 절도가 없고 지혜가 외적인 것에 유혹을 받아 스스로 반성할 수 없으면 천리는 없어지는 것이다. 사물에 대한 인간의 느낌은 무궁한데, 인간의 좋아함과 싫어함이 절도가 없다면, 이는 외적 사물이 이르자 사람이 사물에 변화되는 것이니 사람이 사물에 변화되는 것은 천리를 멸망시켜 욕망을 충족하는 것이다."[2]

---

1 張岱年, 『中國倫理思想硏究』, 上海人民出版社, 1989, 2쪽 참조.

욕망은 천리에 대비되는 개념으로 선진(先秦) 시기에는 종욕(縱欲, 욕망의 방치)·무욕〔無欲, 욕망의 무화(無化)〕·절욕(節欲, 욕망의 절제) 등의 주장이 있었다. 당시 욕망과 대립되는 관념은 '도(道, 도리)' 또는 '리(理, 이치)'였는데, 후대 송(宋)·원(元)·명(明)·청(淸) 시기에는 이치와 욕망의 문제가 윤리학 토론의 중심 문제가 되었다. 송대 성리학에 이르러 천리와 인욕의 구분 문제 곧 이치와 욕망의 구분은, 의리와 이익의 변별 곧 공의(公義)와 사사로운 이익(利益)의 구분 문제와 함께 커다란 쟁점이 되었는데, 주요 관심사는 욕망을 자연의 이치로부터 분별하고 그것을 제거하는 일에 관한 것이었다.

송명이학에서 이치와 욕망의 변별은 장재(張載)·정호(程顥, 1032~1085)·정이(程頤, 1033~1107)에 의해 형성되었고 주희(朱熹, 1130~1200)와 왕수인(王守仁, 1472~1528)에 의해 집대성된다. 장재는 이치와 욕망의 문제를 인성과 연결시켜 천지의 성품은 자연적 이치의 체현으로, 기질의 성품은 욕망의 표현으로 인식하여, 자연적 이치와 욕망을 대립시킴으로써 자연의 이치로 돌아갈 것과 욕망의 배척을 주장하였다. 정호나 정이도 또한 이치와 욕망의 문제를 이른바 옛 성현이 서로 전해주었다고 하는 '도심(道心)'과 '인심(人心)'과 연관시켜 도심은 천리로서 선(善)의 근원이고 인심은 욕망으로 악의 근원으로 인식하였다.

장재는 『정몽(正蒙)』 「성명(性命)」(자연으로부터 부여받은 성품)에서 자연적 이치의 회복과 욕망의 배제를 주장하였고, 정호는 욕망을 인심(人心)과 동일시하고 『서경』 「대우모(大禹謨)」의 "인심은 위태로움이 있다" 할 때 인심은 욕망을 가리킨다고 하였다. 그는 또 사람이 욕망에 지배되면 천리를 잃는다고 하여 욕망의 가림을 제거하고 천리를 회

---

2 『禮記』 「樂記」 : 生而靜, 天之性也 ; 感於物而動, 性之欲也. 物至知知, 然後好惡形焉. 好惡無節於內, 知誘於外, 不能反躬, 天理滅矣. 夫物之感人無窮, 而人之好惡無節, 則是物至而人化物也. 人化物也者, 滅天理而窮人欲者也.

복할 것을 주장하였다. 정이는 『이정어록(二程語錄)』에서 궁실(宮室)·음식·형벌·정토(征討, 올바르지 못한 나라에 대한 응징) 등은 천리의 마땅함이지만 화려한 집·주지육림(酒池肉林, 연못처럼 넘쳐나는 술과 나무를 쌓아놓은 듯한 필요 이상의 고기)·가혹한 형벌·명분 없는 전쟁을 일으키는 것 등은 욕망이라 하였다. 또 사람이 불선(不善)을 행하는 것은 욕망 때문이라고 하였다. 이 같은 의미에서 그는 욕망을 모든 악의 근원으로 규정하고 마음을 기름에 있어서 욕망을 줄이는 것이 중요하다는 점을 강조하였다.

주자는 자연의 이치와 욕망을 엄격히 구분하여 이치와 욕망이 교전할 때 먼저 이치를 밝혀 욕망에 휩쓸리지 않는 최상의 지혜인으로서 성인(聖人)의 경지를 추구할 것을 요구하였다.[3] 그에게 이 두 가지는 절대 대립하여 나란히 존재할 수 없는 것이다. 이치는 인(仁)·의(義)·예(禮)·지(知)이자 3강(綱) 5상(常)이다.

마찬가지로 자연의 이치는 지극히 선한 것이고 욕망은 악한 것으로 "욕망을 고쳐 없애, 천리로 다시 돌아갈 것"을 사람들에게 요구하였다. 대체로 주자학적 관점에서는 4덕, 곧 인(仁)·의(義)·예(禮)의 총명은 곧 천리이고, 욕망은 이에 정반대되는 개념이다. 그들에게 욕망의 발생 원인은 형체(신체)나 기(氣)·습관·감정 등의 질곡(桎梏)이다. 이런 욕망적 요소들은 자연적으로 생기면서, 자연의 이치가 표출될 때 편차(偏差)가 있기 때문에, 또한 발생하는 것으로 인식된다. 따라서 욕망 가운데 넘치거나 부족함이 없으면 자연의 이치로서 천리이고, 그것이 중용 상태로 조절되지 않으면 욕망이라고 하여 이들 이치와 욕망은 결과적으로 대립되면서도 근원적으로는 밀접한 연관성을 갖는다.

---

3 『朱子語類』卷第一百一十六, 朱子十三, 訓門人四 참조: 此便是天理人欲交戰之機. 須是遇事之時, 便與克下, 不得苟且放過. 此須明理以先之, 勇猛以行之. 若是上智聖人底資質, 不用著力, 自然存天理而行, 不流於人欲.

　명대(明代)의 왕수인(王守仁)도 "고요히 있을 때는 생각마다 욕망을 제거하여 천리를 보존하고, 움직일 때도 생각마다 욕망을 제거하여 천리를 보존할 것"을 요구하고 "그 마음이 천리에 순(純)하면 욕망의 잡됨은 없을 것"이라고 보았다.[4] 당초 그는 육구연(陸九淵)의 입장을 상당 부분 계승한다. 그렇지만 천리와 욕망을 보는 시선에서는 주희의 설에 가까웠다. 주자의 '성즉리(性卽理)'에 대립하여 '심즉리(心卽理)'라는 입장에 있었지만, "이치의 보존과 욕망의 제거"에는 같은 노선을 취하였다. 양지, 곧 자연적으로 타고난 도덕적 지혜를 이룩하는 '치양지(致良知)' 공부에서 천리가 드러나지 않는 이유는 욕망 때문이며, 따라서 양지의 회복을 위해서는 욕망의 제거가 필수적이라고 믿었다.

　대체로 천리와 욕망을 분리하고 욕망을 제거하고자 하는 입장에 섰던 사상가나 학자들은 배고프면 밥 먹고 목마르면 마시는 보편적이고 생물학적인 욕구(need)는 욕망이 아니라 천리, 곧 자연의 이치로 규정한다. 그들의 욕망 배척은 모든 욕구를 부정하는 것이 아니라 비자연적이고 과다한 물질에 대한 소유욕을 경계한 것으로 볼 수 있다.

---

4 『傳習錄』 28條目 참조: 問寧靜存心時, 可爲未發之中否. 先生曰, 今人存心, 只定得氣, 當其寧靜時, 亦只是氣寧靜, 不可以爲未發之中. 曰, 未便是中, 莫亦是求中功夫. 曰, 只要去人欲存天理, 方是功夫, 靜時念念去人欲存天理, 動時念念去人欲存天理, 不管寧靜不寧靜, 若靠那寧靜, 不惟漸有喜靜厭動之弊, 中間許多病痛, 只是潛伏在, 終不能絶去, 遇事依舊滋長, 以循理爲主, 何嘗不寧靜, 以寧靜爲主, 未必能循理.

제2장 정감에 대한 인식의 전환

1. 자연의 인간, 인간의 자연

담사동의 철학에는 "자연은 무엇이고 인간은 과연 무엇인가?"라는 원초적 회의로 가득 찬다. 인간의 자연은 결코 어떠한 것에 의해서도 매몰될 수 없다는 인식이 강하다. 만물을 설명하는 송명이학적 존재 원리가 지나치게 합리주의에 기초하여 오히려 인간을 압제하는 수단이 되어버렸다는 인식이 그의 철학에 내재한다.

만물 현상의 원리로서 '에테르'를 설정하여 주자 철학이나 양명학의 '이(理)'의 철학으로서 '이성주의'에서 욕망을 죄악시하는 사유로부터 근본적으로 벗어나고자 한다. '정감주의'로 전환하여 이성이란 과연 무엇인가를 되묻는다. 가치 기준을 새롭게 규정함으로써 삶의 양식이나 방법에 관한 기존 철학에 대한 반성을 촉구한다. 천(天)은 인간에 앞서 존재하지 않으며, 인간도 천(天)과 똑같은 자연의 일부로서 그 존재의 원리가 '에테르'라는 점에서 서로 평등하다고 본 것이다. 인간에게는 따로 고상한 진리가 있어서 그 원리 앞에 속박되는 존재로 전락할 수 없다는 것이다.

이는 삶이란 감각적인 것이 불가피하다는 견해의 표출이다. 또 여기에는 가치에 관한 해석학적 전환도 포함된다. 맹자가 "인간의 본성은 선하다(性善)"는 성(性)이나, 고자(告子)가 말한 "생(生)" 자체가 성(性)이라는 논의를 이원론적인, 선과 악으로 나누려는 극단적 인식을 피하는 경향성이 있다. 선진(先秦) 이래 인성론의 발전 과정을 볼 때 특히 주자학적 사유에는 이성과 욕망, 선과 악, 군자와 소인에 대한 엄한 구분이 있다.

그러나 담사동의 인식으로 인간 내면, 곧 본성이나 정감 등은 삶의 본래적인 것이어서 따로 떼어 악의 상태로 몰고 가는 것은 잘못이다. 인간의 본질을 보는 담사동의 견해는 자연 또는 천부의 존중이라는 근대적 경향을 내함(內含)하는 것이거니와, 근대적 역사의식에서 시대적 흐름을 반영하여 삶의 본질을 논의하려는 모습이 있다.

양계초는 그의 『청대학술개론』에서 "대진의 『맹자자의소증(孟子字義疏證)』을 종합할 때, 정감철학을 가지고 이성철학을 대신하려 한 것에서 벗어나지 않는다"[1]고 평가하였다. 이것은 대진의 철학이 정주학(程朱學)의 오랜 전통인 무욕(無欲)의 지향을 반대한 관점을 지적한 것이지만, 담사동의 철학에도 이러한 맥락의 논조가 있다.

송명이학에서처럼 복성(復性)의 기준에 근거한 천리에 부합하는 인간 본성의 회복이라는 이성주의 철학에 반(反)하여, 본성과 감정을 하나의 연결선상에 보고자 하는 것이 담사동의 기본 이념이다. 곧 욕망 없는 이치는 없다는 것이다.[2]

송명이학에서 이치는 모든 것에 앞선 지공무사(至公無私), 지선무악(至善無惡)의 존재의 원리이다. 따라서 이치와 합일된 인간의 삶이 요구될 뿐이다. 그것은 욕망 부정의 삶을 의미한다. 이른바 "욕망을 막아서 이치를 보존한다"(遏人欲以存天理)라는 일종의 금욕주의는 엘리트 관료의 인격 수양을 위한 기본 지침이다.

그렇지만 이학적 엄숙주의가 목표하는 올바르고 도덕적인 사회 구현이라는 숭고한 목표는, 내면적 추구만으로는 시대상황에 부응할 수 없다는 근대적 반성을 뒤따르게 한다. 안과 밖을 유기적으로 고려하지 않는 이성의 추구가 과연 가능한 것인가라는 반성이 일게 한 것이

---

1 梁啓超, 『淸代學術槪論』, 中華書局, 臺灣, 1978, 68쪽 참조.
2 『仁學』 상편 9장 참조.

다. 서세의 충격에 따라, 보다 역동적이지 않으면 안 되겠다는 현실
인식은 정적이고 도덕적 지향만으로는 세계를 설명할 수 있는 보편적
가치를 찾기에 부족하다는 비판을 크게 일게 하였다.

　근대 이전에도 욕망의 문제를 이치와 떼어놓지 않고 세계를 설명
하는 철학사유를 찾기란 그리 어려운 일이 아니었다. 명말청초의 왕
부지도 그랬고[3] 고증학 전성기 대진도 또한 그 같은 입장이었다. 이
들은 한결같이 송대 유학자들의 이치와 욕망에 관한 견해에 반대하
여, 그들이 추구하는 이(理)는 법보다고 무섭다고 비판하기도 하였다.[4]
담사동의 사상도 이 같은 흐름에 있었다. 몸에 부여받았다는 이성과
욕망을 이원적으로 따로 떼어 보는 것을 거부한다.[5] 몸, 형색, 인간의
감성이나 감정의 배척은 이론적으로나 가능한 것으로 인식한다.

　　생(生)을 일컬어 성(性)이라 하는 것, 이것이 성이고,[6] 형색(形色)이 천성
　　이라 하는 것, 이것이 성이며,[7] 성은 선하다는 것, 이것이 성이고[8] 성은
　　무(無)라 하는 것, 이것 또한 성이다.[9]

　살아 있는 것이 형색(形色)이요 본성(성품)이라는, 고자가 인식한 성의
견해에 담사동은 견해차를 보이지 않는다. 그는 살아 있는 존재 양상이
나 양태를 성품으로 보고, 성품은 에테르라는 점에서만 접근이 가능한
것으로 본다. 그리하여 동물과 식물의 차이는 그 성질 면에서 분자의

---

3 王夫之, 『讀四書大全說』 卷四, 里仁篇 一0 ─一三, 中華書局, 北京, 1989, 245~249쪽
　참조.
4 梁啓超, 『淸代學術槪論』, 中華書局, 臺灣, 1978, 65쪽 참조.
5 『仁學』 상편 9장 참조.
6 『孟子』 「告子章句上」.
7 『孟子』 「盡心章句上」.
8 『孟子』 「告子章句上」.
9 『仁學』 상편 9장 : 生之謂性, 性也. 形色天性, 性也. 性善, 性也. 性無, 亦性也.

배치와 분할이 다르기 때문이라고 하여, 인간 본성에 대한 과도한 논의나 신비적이거나 지나치게 도덕적인 토론을 일단락 지으려 한다.[10]

자연의 이치란, 기본적으로 돕고 만들어주고 생성해내려는 이치, 곧 인(仁)의 작용력으로서 에테르라는 선한 이치가 있다는 정도만 인식하자고 한다. 이치와 욕망, 도덕 정신과 육체를 따로 떼어 자칫 이분법이나 이원론에 휩쓸려 인간 삶의 방법을 안과 밖으로 구분하여 근대적 시대 상황과 동떨어지게 논의하는 우(愚)를 범하지 말자는 생각을 담사동은 펼치고 있었다.

2. 정감 표출의 정당성

우리 인간은 정신으로 사는 것인가, 물질로 사는 것인가? 이 문제는 고대철학부터 끊임없이 논의되어 온 것이었다. 정신과 물질은 물론 긴밀한 관련 속에 우리의 삶을 형성해준다.

정신과 물질—또는 육체—의 관계를 볼 때, 고대철학이나 중세철학의 사유에서는 전자에 중점이 두어졌고 근대철학에서는 그 반대의 입장에 섰던 것이 일반적인 경향이었다. 정신 또는 이성의 추구를 통해 금기시되는 육체 범주의 "정감도 선한 것"이라는 후자의 맥락에 담사동은 선다. 그는 인간의 욕망이 악이라고 하는 것은 단순한 용어의 남발일 뿐 본질적으로는 '선'이라는 것이다.

> 성(性)은 선한데 어찌하여 정(情)에 악이 있을까? 그것은, 정(情)에 악이 있는 것이 아니고, 따라가서 그렇게 이름을 붙였을 뿐이다.[11]

---

10 『仁學』 상편 11장 참조.
11 『仁學』 상편 9장: 性善, 何以情有惡? 曰情豈有惡哉? 從而爲之名耳.

그의 인식으로 전통철학에서 '정(情)'을 악이라 한 것은 명목일 뿐, 실질 규정이 아니다. 명목이 실질의 반영이거나 표현임을 부정하여, "명목은 본래 실체가 없다"[12]는 인식을 보여준다. 악이라고 이름 하면 악이 되는 것이 아닌 것처럼 인간의 시원적(始原的) 욕구를 악으로 본다고 해서 악의 상태가 되는 것은 아니라는 인식이 흐른다.

본질적 선에 대하여 인간이 어떻게 행위하느냐에 따라 악이 있는 것으로 담사동은 파악한다. 예컨대 자연적 욕구인 음식 먹는 행위나 부부 생활과 같은 사람의 생존 행위를 방해하는 것이 악으로 인식된다.[13] 부부 사이의 음행(淫行)과 같은 것을 '정(情)'의 범주에서 '악'으로 이름 붙임은 "사람에 의한 짓"[14]으로 "천명처럼 떠받들어 감히 바뀌지 않는"[15] 것이지만, 실상은 악이 아니라는 것이다.

정감이나 감정, 물질이나 재화 인식에 있어 담사동은 같은 접근법을 쓴다. 백성은 재화(財貨)로 사는데, 그 탐욕을 부려 강탈하는 것이 이 재화 때문이라 하여 이런 일을 경계하느라 재화를 제거했다는 얘기를 듣지 못하였으니 재화에 선하지 않음이란 없다. 망령되이 기뻐하거나 노여워함을 불선(不善)이라 하지만, 일곱 가지 인간의 기본 감정에는 기쁨이나 노여움이 없을 수 없다. 단지 부당한 경우가 문제지 기뻐하거나 노여워함이 악은 아니다. 갑자기 춥거나 더운 것을 좋지 않다고 하지만 사계절엔 추위와 더위가 없을 수 없으니, 단지 그 계절의 질서를 따르지 않는 것이 문제지 추위와 더위가 악은 아니다. 악은 모두 조리가 있는데도 따르지 않는 인간의 행위이다. 그러므로 천지간에 인(仁)뿐이지 이른바 악이라 할 것은 없다고 하는 것이다.[16]

---

12 『仁學』 상편 8장.
13 『仁學』 상편 9장 참조.
14 『仁學』 상편 8장 참조.
15 『仁學』 상편 8장.
16 『仁學』 상편 9장.

물질 자체를 선으로 인식하고 인간의 기본 감정인 칠정(七情)은 물질에 의존하기 때문에 탐욕과 강탈의 사회문제가 발생할 수 있다. 그렇지만 재화의 존재 유무가 선과 악의 갈림이지, 재화의 존재는 본질적으로 선이다.

물질에 대한 인간 감정의 발로가 결코 악이 아니라고 하는 그에게 감정도 본성이고, 재화에 대한 욕망도 권장사항이다. 그의 이런 입장은 19세기 말 중국의 낙후된 공업의 서구화에 대한 희망의 반영이기도 하다. 대진은 "고자(告子)는 일찍이 정신과 육체의 구별을 두지 않았다. 때문에 '음식과 성적 욕망은 본성이다'[17]라고 하였는데, 역시 자연을 존숭한 것이다"[18]라고 평가하였다. 고자가 욕망이 인간의 본성을 이루는 것으로 본 점을 긍정하여[19] 본성과 감정과 구분하지 않았다.

따라서 담사동이 본성과 감정을 보는 시각은 고자나 대진과 상당 부분 일치한다 할 수 있다. 그러면서 그는 선과 악 또한 이분법적으로 나누려 하지 않는다. 선악의 실체가 따로 있지 않기 때문이다. "천지간에 인(仁)뿐이지 이른바 악이라 할 것은 없다"[20]고 한 것처럼 '인(仁)', '에테르'라는 선의 조리를 따르지 않는 인간의 행위가 문제된다.

형색(形色)이라는 외양과 내면으로서의 본성을 하나로 본 담사동은 자연의 이치로서 천리와 욕망을 연결시켜 역시 따로 떼지 않는다. 천리는 곧 욕망에 있다.[21]

성리학적 각도에서 천리는 모든 것에 앞서 지선(至善)한 존재이다. 따라서 인간은 그 지선한 존재로서 이치의 모델을 따르지 않으면 안

---

17 『孟子』「告子章句上」: 告子曰, 食色, 性也.
18 戴震, 『孟子字義疏證』, 卷中, 性 九條, 中華書局, 北京, 1982, 26쪽 참조.
19 安正輝, 『戴震哲學著作選注』, 中華書局, 北京, 1979, 133쪽 참조.
20 『仁學』 상편 9장.
21 『仁學』 상편 9장 참조.

된다. 천리를 체현한 본연지성(本然之性), 곧 본성은 100% 선이고, 이(理)와 기(氣)를 섞어 우리의 육체에 존재하는 기질지성(氣質之性)은 맑음과 탁함이 섞여 있고, 감정 곧 정(情)은 외물에 자극되거나 동요하기 쉬우므로 순선(純善)을 담보할 수 없다. 따라서 수양을 통해 이미 가려져 악의 상태로 된 성품을 회복하는 것이 요구된다.

이와는 반대로 담사동 사상에서는 외물과 함께하는 것이 천리이다. 그의 사유에서 에테르의 조리인 자연의 이치는 인간의 욕망에 우선하지 않는다. 인간의 본성을 선으로 규정한 점에서는 맹자의 견해와 같지만, 본성이 욕망을 포함한다고 본 점에서는 역시 왕부지의 본성과 감정에 관한 견해와 일치한다. 왕부지는 "만약 성인일 것 같으면, 욕망은 이치이고, 감정은 하나의 본성이다"[22]라고 하였는데, 담사동은 이와 무관하지 않게 정감철학적 각도에서 이성이나 본성에 접근하였다.

3. 정감의 공유

담사동의 사상에서 정감은 결코 배격해야 할 악의 편이 아니다. 그것은 누구나 향유할 수밖에 없는 자연스런 것이다. 더 이상 군주권의 일방적 전유물이 아니다. 지배권의 지나친 욕망 충족으로 말미암아 하층민의 그것이 박탈되거나 남성들의 속물근성에 의해 여성이 희생되어서도 안 된다고 본 것이다.

상하통(上下通)이나 남녀내외통(男女內外通)으로 표현되는, 그의 평등주의에는 정감 표출의 기회도 평등이라는 취지가 강하게 내포되어

---

22 王夫之, 『讀四書大全說』卷四, 里仁篇 一〇, 中華書局, 北京, 1989, 246쪽: 若聖人, 則欲卽理也, 情一性也.

있다. 이성(異性)에 대한 정감의 표현은 인간의 본성에 의한 것이고 그것은 남녀가 공유한다는 점에서 평등하다고 인식된다.

그렇건만 여성이 불평등하게 성적 수단이 되는 사회 분위기를 강하게 배척한다. 그에 의하면 "남녀의 차이는 다른 것이 아니다. 암수의 지극히 자그마한 차이만 있을 뿐이다. 그들은 모두 똑같이 인간들이다."[23] 결코 여성은 음구(淫具), 곧 성적 도구로 여길 수 있는 대상도 아니다.

> 단지 성적 대상으로 사람을 대하니, 아마 자신을 대하는 것도 역시 성적 도구에 불과할 것이다. 다시 어떻게 음탕하지 않을 수 있겠는가? 그러므로 남자를 중요시하고 여자를 가볍게 여기는 것은 지극히 난폭하고 무례한 법이다.[24]

여성이 일방적으로 성적 도구가 되는 것을 경계한다. 변칙적인 음탕한 행위로서 음(淫)을 사람 죽이는 행위로 규정한다. 자기의 욕망을 발산하려는, 사람 죽이는 마음 상태는 음탕한 생각에서 기인하는 것이고, 여자가 원망하고 고통에 빠지고 기괴하게 부르르 떠는 일을 자기의 즐거움으로 삼는 자의 속물 또는 동물적 근성은, 사람 죽이는 마음 상태, 곧 살념(殺念)으로 인식된다.

똑같은 여색(女色)이지만 더벅머리 어린 처녀를 세속의 인간들이 더욱 선호하니, 상대가 아픔에 피를 흘리고 슬피 울부짖은 후에야 속이 시원해하는 것이라고 비판한다.[25] 남성의 속물근성에 의해 여성이 박

23 『仁學』 상편 10장: 夫男女之異, 非有他, 在牝牡數寸間耳, 猶夫人之類也.

24 『仁學』 상편 10장: 直以淫具待人, 其自待亦一淫具矣, 復何爲不淫哉! 故重男輕女者, 至暴亂無禮之法也.

25 『仁學』 상편 10장: 殺人者, 將以快己之私, 而洩己之欲, 是殺念卽淫念也. 淫人者, 將以人之宛轉痛楚, 奇癢殊顫 而爲己之至樂, 是淫念卽殺念也. 同一女色, 而鬌齡室女, 尤流俗所涎慕, 非欲創之至流血哀啼而後快耶?

해받는 풍토를 꼬집은 것으로, 이는 지배권의 지나친 음행(淫行)이 여성의 처참한 고통을 수반한 점을 지적한 것이기도 하다.

결국 담사동은 정감주의를 표방함으로써 합리주의 철학의 이성주의에서 벗어나지만, 여성이 남성의 동물적 근성에 의해 억압이나 차별을 받아서는 안 되며, 욕망이나 정감의 향유는 사회 신분이나 남녀의 구분에 의해 불평등하게 왜곡되어서는 안 된다는 점을 분명히 하고 있다.

제5부

정감 실현을 위한 시스템의 변화

제1장 새로운 정치 시스템의 추구

1. 민본론의 전개

이미 살펴본 바대로, 담사동은 인간의 본질적인 물음에 대하여 "인간의 본성도 선하고 정감도 선하다"는 기조를 견지하였다. 여기에는 인간을 포함하는 자연적 이치도 좋은 것이지만, 그동안 자칫 이치 바깥으로 여겨온 정감 추구의 문제도 이치의 차원에서 접근해야 한다는 인식이 더불어 자리한 것이다. 더 나아가 인간은 육체적이면서 물질적인 요소를 등한시하고 내면이나 정신에 머무는 삶의 논의는 그리 의미를 부여할 수 없다는 인식이 있다.

이 같은 맥락에서 정치는 '민(民)'에 대한 욕망을 억압하는 기제가 아니라 그것을 보장해주는 수단으로 인식된다. 정치와 관련된 모든 것은 백성의 욕망 실현을 위해 존재하는 것이 된다. 군주는 백성을 위해 정사(政事)를 도모하는 사람이고, 신하는 백성을 위한 정사를 돕는 사람이다. 백성으로부터 세금을 걷는 것은 백성을 위한 정사를 도모할 바탕을 마련하는 수단에 불과하다.[1] 그리하여 담사동의 사상에서 군주는 민(民)의 하위에 놓인다. 군주가 "백성을 위한 정사를 도모하는 사람"이라면, 신하는 "백성을 위한" 정사의 보조자에 불과하다.

---

1 『仁學』하편 31장 : 君也者, 爲民辦事者也. 臣也者, 助辦民事者也. 賦稅之取於民, 所以爲辦民事之資也.

:: 인공으로 호수를 만들고 그 흙으로 중앙에 산을 만든 엄청난 규모의 정원 이화원. 민중 잔혹사의 산 증거. 이화원은 원래 금(金)나라 때 행궁(行宮)으로 건조되었다. 명나라 때 호수 주변에 여러 개의 사원과 정자가 세워지고 청나라 건륭제(1711~1799)를 거치면서 황실 정원과 곤명호가 거대하게 확장되었다. 그렇지만 1860년 영국과 프랑스 연합군에 의해 파괴된다. 1888년 서태후는 해군 예산을 유용, 개축하고 이화원으로 명칭을 바꾸는데, 이것이 훗날 청일전쟁에서 중국이 패하는 중요 원인이 된다. 1900년 이화원은 의화단 사건을 빌미로 침입한 8개국 연합군에 의해 대파되기도 한다. 여름 별궁 이화원은, 정확한 것은 아니지만 광활한 호수 때문에 북경의 여타 지역보다 여름 온도가 5~6도 낮다고 한다. 저 너머 산은 이 어마어마한 호수를 조성하면서 파낸 흙을 쌓아 만든 인공산이다. 서태후는 수많은 인민 대중의 피와 땀을 이용하여 여름 한 철을 시원하게 보낸 것이다. 이런 시대를 젊은 담사동이 살았다.

19세기말 중국은 서태후에 의해 정사가 좌지우지되고 전제군주제에 의한 사회 전반에 걸친 '막힘' 현상은 전에 없었다. 이전부터 계속되어온 오랜 군주제의 병폐가 극에 달한 상황에서 군주 1인의 욕망을 위해 백성의 생물학적 욕구(Need)마저 배제되는 모습을 담사동은 매우 가슴 아파한다. 그것을 목격한 담사동은 '삼강(三綱)'이라는 압제 시스템에서 정작 군주에 의하여 비윤리적인 행위가 자행되고 있음을 크게 비판한다.

> 더욱 분개할 것은, 군주 본인은 부부라는 인륜을 더럽히고 혼란시켜, 궁녀가 헤아릴 수 없을 정도로 많은데, 인간의 부부의 도(道)를 일방적으로 끊어놓기 좋아함이다. 예컨대 이른바 불알을 제거한 환관(宦官)과 방에 갇힌 궁녀들에 대한 그 잔포(殘暴)함은 사람의 도리를 무시한 것이니, 비록 짐승이라 하더라도 그 정도에 이르지는 않을 것이다.[2]

하늘이 낸 자연인임에도 불구하고 인간 대우를 받지 못하는 궁녀, 환관의 권익이 군주에 의해 일방적으로 침해되는 되는 점을 지적한, 담사동은 "군주가 천하를 호주머니 속 개인 재산으로 생각한 것은 당시에 시작된 것이 아니지만, 요(遼)·금(金)·원(元)의 죄는 이전의 군주보다 지나침을 알고 있는가?"라고 반문하면서, 중국 인민에 대한 흉잔음살(凶殘淫殺)을 짐승에 비유, 비판하기도 한다.[3]

그는 그때까지의 군주가 추대가 아닌 '무력전'에 의한 재위로 파악한다.[4] 정통성을 확보하지 못한 정권으로 여긴 것이다. "독부민적(獨夫

---

2 『仁學』 하편 37장 : 尤可憤者, 已則瀆亂夫婦之倫, 妃御多至不可計, 而偏喜絶人之夫婦, 如所謂割勢之閹寺與幽閑之宮人, 其殘暴無人理, 雖禽獸不逮焉.

3 『仁學』 하편, 33장 : 天下爲君主囊橐中之私産, 不始今日, 固數千年來矣. 然而有知遼金元之罪浮於前此之君主者乎?

4 『仁學』 하편 31장 참조.

民賊)" 곧 독재를 쓰는 지아비와 같은 존재이면서 백성을 해치기만 하는 존재인 청조에 대한 충성은 걸주(桀紂)와 같은 폭군을 위한 것과 다를 것이 없다는 인식을 진행한 "담사동은 올바른 군신의 의(義)를 구분함으로써 중화민족과 오랑캐족의 구분도 더불어 추구해 나갔다. 이 점은 곧 만주족을 몰아냄으로써 중화정권을 회복하고자 했음을 의미한다."[5]

청조에 대한 "독부민적"이라는 규정의 이론적 기조는 황종희의 민본사상으로 거슬러 올라간다. 명청교체기 황종희는 『명이대방록(明夷待訪錄)』(「원군(原君)」)에서 "인간의 역사가 처음 시작될 때, 사람들은 각기 자기 중심적이었고, 사람들은 각기 이기적이었다. 천하에 공공의 이익이 있어도 이것을 일으키는 사람이 없고 천하에 공공의 해가 있어도 이것을 없애는 사람이 없자, 어떤 사람이 나와 자기 한 사람의 이익을 이익으로 삼지 않고 천하로 하여금 그 이익을 받게 하고, 자기 한 사람의 해를 해로 생각하지 않고 천하로 하여금 그 해를 면하게 하였다"[6]고 하였다.

황종희는 공리주의(公利主義)에 기초한 군주론을 펼쳤던 것인데, 군주는 자기 한 사람의 이익을 문제삼지 않고 천하의 이익을 생각하고, 자기 한 사람의 해를 문제삼지 않고 천하의 해를 걱정하는 사람이라고 보았다.

황종희 민본론에 보이는 "어느 한 사람이 나옴"은 담사동의 사상에서 "한 사람을 공동으로 추대함"으로 발전한다. 그러면서 담사동은 당초 군주과 신하의 구별이 없었고 백성에 의해 추대된 군주이기 때문에 백성과의 신분의 차별이 없었다는 상하통(上下通)의 입장에

5 蕭公權, 『中國政治思想史』 下, 聯經出版事業公司, 臺北, 1982, 761쪽.
6 黃宗羲, 『明夷待訪錄』 「原君」: 有生之初, 人各自私也, 人各自利也. 天下有公利而莫或興之, 有公害而莫或除之. 有人者出, 不以一己之利爲利, 而使天下受其利. 不以一己之害爲害, 而使天下釋其害.

선다.[7]

　황종희가 자사자리(自私自利), 즉 스스로를 사랑하고 이익되게 하는 일을 긍정하는 인간관의 전제(前提) 위에서 '공리(公利)'를 일으키고 '공해(公害)'를 제거하기 위하여 스스로의 이해를 돌보지 않는 인간을 설정하여 이것을 군주라고 생각하였다면,[8] 담사동도 황종희의 군주에 대한 이 같은 견해를 계승하여 정치사상을 전개한다.

　아울러 황종희의 민본사상에서는 이전의 민본사상처럼 '민본(民本)'을 '천명'의 권위에 위로 연결시키지 않고 '천(天)'을 '민(民)' 쪽으로 아래로 끌어내려 둘이 아니라고 하여 '민(民)'이 '천(天)'으로부터 독립되고 있는데,[9] 그러한 민본론적 패러다임은 거의 그대로 담사동의 정치사상에 전승된다.

　본원유가의 정치사상에서 일면 '천명'을 빌려 군주의 정통성을 합리화하였다면, 황종희의 정치사상에서 '민'이 '천'으로부터 독립한다. 담사동의 정치사상에서도 더 이상 군주와 민의 관계가 천명에 의해 이루어지지 않는다. 우주 삼라만상의 존재 원리는 에테르라는 점에서 '천'과 '민'은 본질적으로 평등하고 '천'은 이미 주재자의 위치에 있지 않다.

　황종희의 주장에 의하면, 신하의 임무는 자기 몸을 죽여서 그 군주를 섬기는 것이 아니다. 신하가 자기 몸을 죽이는 것은 사(私)됨 없음의 궁극적 원칙이다. 천하의 크기에 비교해보아도 군주 한 사람이 다스릴 수 있는 것이 아니기 때문에 그들을 둔다. 이 같은 기준을 떠나 신하가 존재하지 않는다.[10] 신하가 벼슬하는 것은 천하를 위한 것이지 군주를 위한 것이 아니며, 만민을 위한 것이지 한 성(姓)을 위한 것

---

7 『仁學』 하편 31장 참조.

8 安炳周, 『儒教의 民本思想』, 대동문화연구원, 1987, 222쪽 참조.

9 위의 책, 222~223쪽 참조.

10 黃宗羲, 『明夷待訪錄』 「原臣」 참조.

이 아니다.

여기에서 신하의 온갖 백성을 기반으로 하는 자주성이 강조되고 있는데,[11] "신하가 군주를 위하여 만들어진 것"이거나 "신하에게 백성을 주어 이를 기르게 한다고 하여 온 세상 인민을 마치 군주의 주머니 속 사유물처럼 보는 것"은 담사동 사상에서도 역시 강력하게 배척된다.

그런데 유가 민본론은 맹자 이래 혁명론의 개진이 포함된다. 같은 맥락에서 담사동도 "군주를 집단적으로 추대하였는데도 온 세상 사람들의 피와 땀을 다하여 방탕한 쾌락과 게으름에 빠지고 교만과 사치에 빠지며 음행(淫行)과 사람 죽이는 일을 자행하는 것을 인민은 수용할 수 없다"는 점에서 폐위의 정당성을 확보한다. 따라서 온갖 방탕과 횡포를 부리며, 자손만대에 세습되는 특권의 이양(移讓)을 거부하는 군주제에 대한 그의 반감은, 당초 군주와 백성의 정치적 결합이 민주적이었음에도 불구하고 "왕권 세습에서 비롯된 백성들에 대한 압제와 정확(鼎鑊)이나 도거(刀鋸)와 같은 무서운 벌"[12]의 존재는 더더욱 군주의 민(民)에 대한 불평등한 처사이고, 용서받을 수 없는 일이 된다.

그는 군주와 신하의 관계에 있어, 충성(忠誠)의 의미도 잘못 이행된 것이라는 견해를 편다. 그는 충(忠)은 본래 공평무사(公平無私)한 진실이었으며 상하의 수직관계인 군주와 신하는 대등한 관계 속에서 인민의 복지를 고르게 하는 수단으로, 실로 '중심(中心)', 마음 속 진실을 바치는 것이라고 한다.

군주가 권좌를 잃을 때 여전히 단순히 그를 위한 절개 때문에 죽는 것도 담사동에게 통치원리의 왜곡된 형태이다. 절개라는 것이 없

---

11 安炳周, 앞의 책, 210쪽 참조.
12 『仁學』 하편 31장 참조.

는 것도 아니지만, 군주를 위해 죽은 것이 아닌 인민을 위한 일의 성취에 기준을 두는 것이어야 하며, 그렇지 않은 절개란 환관(宦官)과 궁첩(宮妾)의 애정 표현이나 보통 사람들이 믿음을 보이는 보잘 것 없는 짓에 불과하다.[13]

요컨대, 담사동 정치사상에서 보다 강력하게 군주는 민(民)의 하위 개념에 놓인다. 따라서 그들이 역할을 제대로 수행하지 못했을 때 갈아치우는 것이 세상의 일반적 원칙이고, 당초 그 자리는 '공동 추대'에 의한 것인 만큼 폐위도 또한 정당한 것이 된다.

2. 민주정치 시스템으로

반전제주의로 가득 찬 담사동의 민본론 전개는 서구 민주이론과 만난다. 서구의 '민주'이론이 거리낌 없이 어울려 그의 평등론을 구성하고 있는 것이다. 유교의 민본론의 혁명이란, '천명의 변화'라는 간접민주주의 성격의 정권 변화라면, 담사동 사상에서는 서구식의 revolution으로 의미가 전화된다. 담사동의 혁명론에서는 민(民)의 '공동추대'에서 기인한 '공동 폐위'의 당위성이 함축되고 있다는 점에서뿐만 아니라, 삼세설(三世說)에서 '민주'제가 직접적으로 언급되는 점에서도―그것이 민본론의 범주에서 논의되었음에도 불구하고―서구적 개념의 그것에 가까운 것이었다.

황종희의 정치사상에 "군주와 백성은 똑같이 나라의 근원"(君民一元)이라는 기조가 있다면, 담사동은 "군주도 역시 한 백성일 뿐"(君亦一民)[14] 또는 "군주는 말단이고 백성이 나라의 근본"(君末民本)이라고

---

13 『仁學』 하편 31장 참조.
14 『仁學』 하편 31장 참조.

하여, 앞서 지적한 대로 군주를 백성의 하위(下位)에 놓는다. 이는 그
의 삼세설 가운데 순삼세(順三世)의 최후 역사 단계인 대동태평세에
'민주'주의를 구축한 상태이다. 백성이 나라의 주인이 되는 것이다.

담사동의 정치사상에는 '민주·군민공주' 또는 '민주'라는 용어가
자연스럽게 쓰인다. 근대 민주 원리가 수용된 것이다. 청일전쟁 이전
부터 서구문화―과학기술―의 수용에 대한 보수적 입장을 취했던
사람들이 유교적 소양을 갖추고 있었던 사람들이었다면 청일전쟁 이
후에도 서방의 민권사상―특히 의회제도―의 수용에 반대하는 입장
도 유교적 지식인들로부터 나왔다. 물론 청일전쟁 후에 서구사상에
대한 보수적 입장이 이전보다 강하지 못했지만 군권은 여전히 지고
무상(至高無上)한 것으로 인식되었고, 따라서 침범할 수 없는 그것이
었다. 이에 당시의 무술유신파들은 군주제의 정치제도를 군민공주의
정치체제로 개변할 것을 주장하였다.

왕도(王韜, 1828~1897)는 도광(道光, 1820~1850) 말기, 이미 영국인 선교
사 Alexander Wylie와 Joseph Edkins 등의 서방 과학기술서 번역에 대한
협조를 통하여 서방 학술문화에 대해 이해하기 시작하였다. 동치(同
治, 1861~1874)초 그는 태평천국의 일을 상서(上書)하기에 이르렀는데,
홍콩으로 피신하여 영국인 선교사 James Legge(1815~1897)의 사서오경
(四書五經) 번역에 협조하였다. 동치 6년(1867) Legge의 요청을 받아들여
영국으로 가 2년을 머물렀고, 그곳에서 번역 외에 지방 각지를 여행
하여 수많은 사람들과 접촉하였다. 아울러 프랑스의 저명한 한학가
(漢學家) Stanislas Julien(1799~1873)과 친분관계를 맺었는데, 국내에 돌아
와서는 변법유신을 적극 고취하고 과학기술 외에 서방의 정치제도를
소개하였다.[15] 그는 서학론(西學論)을 펴면서 소개한 서구 정치체제 중
의 하나인 일련의 의원내각제가 바로 군민공주제이다.[16]

---

15 張灝 等, 『晚淸思想』, 時報文化出版事業有限公司, 臺北, 1980, 66쪽 참조.

중국의 개량파 사상가, 정론가(政論家)이자
신문기자였던 왕도(王韜, 1828~1897)

　서양의 입국(立國)에 군주, 민주, 그리고 군민공주제에 관한 소개의
일부분을 통하여 볼 때, 담사동은 그보다 앞선 변법운동가인 왕도가
정리하였던 민주나 군민공주 제도를 통해 군주제를 극복함으로써
'민'의 권리가 보장될 것으로 믿었던 것 같다.

　양계초가 그의 『청대학술개론(1920)』 제6장 「황종희·왕부지」 항에
서 황종희 정치사상의 「원군(原君, 군주제의 근원)」과 「원법(原法, 법의 기
원)」의 논조에 대하여, 이런 논조는 오늘날의 시각에서 볼 때, 참으로
일반적이면서도 매우 천박하다. 그러나 260~270년 전의 상황으로 친
다면 진실로 매우 대담한 창론(創論)이다.

　그러므로 고염무가 보더니 감탄하기를, "3대(三代, 하·은·주)의 치세
(治世)를 회복할 만하다" 하였다. 그리고 이후에 양계초와 담사동 무
리들이 민권 공화설을 제창할 때, 그 글(『명이대방록(明夷待訪錄)』)의 초

---

16 朴忠錫,「淸末 公羊學派의 思想的 特質」,『中國研究』第1輯(1978年 10月), 檀國
　大學校 中國研究所, 56쪽 참조.

록(抄錄)을 수만 권 인쇄하여 비밀리에 배포하였다. 청나라 말기 사상의 급변에 매우 큰 영향력을 행사하였다"[17]고 쓰고 있음을 볼 때, 유교의 민본론이 '민주이론'과 만나는 상황에서 담사동은 그의 정치론을 폈다고 할 수 있다. 민권이나 민(民)의 자주권 보장은 19세기 말 중국 근대의 변법운동가들의 공통된 견해이기도 하다.

담사동은 중국의 '중(中)'이라는 것은 중국 사람이 처해 있는 곳을 말할 뿐 중국 밖은 '외(外)'로 중화 중심주의에서 벗어나야 한다고 보고 서양의 사회문화에 상당한 동경을 보인다.[18] 중국의 학자층, 특히 유림들의 폐쇄성과 그것의 부당함을 지적하면서 그는 정치제도를 '민주·군민공주' 체제로 바꿀 것을 요청한 것이다.[19] 담사동이 민주나 군민공주의 의회민주주의를 긍정한 것은 당시의 개량파들의 경향과 일치한다.

그런데 양계초와 같은 사람은 개명전제(開明專制)를 주장한다.[20] 그들은 민지(民智)가 아직 깨지 못하였음을 들어가면서 군주제에 미련을 갖고 타협하는 모습을 보였고,[21] 중체서용의 테두리에서 벗어나지 않는다. 양계초는 강유위와 같이 중국의 진한(秦漢) 이래의 전통정치가 제왕전제(帝王專制)라고 생각하고 제왕의 전제란 일종의 정치제도이므로 변법만 하여 이 제도를 바꾸면 되는 것으로 잘못 알고 있었다.[22]

---

17 梁啓超, 『淸代學術槪論』 中華書局, 臺灣, 1978, 31~32쪽 : 此等論調, 由今日觀之, 固甚普通甚膚淺. 然在二百六七十年前, 則眞極大膽之創論也. 故顧炎武見之而歎, 謂'三代之治可復'. 而後此梁啓超譚嗣同倡民權共和之說, 則將其書節鈔, 印數萬本, 祕密散布, 於晚淸思想之驟變, 極有力焉.

18 담사동, 「論學者不當驕人」 『譚嗣同全集』 下冊, 401쪽 참조.

19 같은 곳.

20 양계초, 『開明專制論』 참조.

21 吳劍杰, 『中國近代思潮及其演進』, 武漢大學出版社, 武昌, 1989. 156~158쪽 참조.

22 錢穆, 『中國歷代政治得失』, 辛勝夏 譯, 『中國歷代政治의 得失』, 博英社, 서울, 1980, 244쪽에서 인용.

이에 반하여 담사동은 도덕의 문제도 민주제도에 포함하여 본질적으로 사회 시스템을 전환할 것을 강력하게 요청한다. 양계초가 중체서용의 입장에 머물고 있었다고 한다면, 담사동은 서체중용을 표방하는 단계로 나아가 중국의 근본적 변화를 희망하였다고 할 수 있다.

이는 담사동의 정치 이념상 인민을 "개나 말, 지푸라기처럼 하찮게 여기는"[23] 군주는 갈아치울 수 있어야 한다. 결코 군주란 한유(韓愈, 768~824)가 말하는 것처럼 "명령이나 내리는 사람"이거나, 신하는 "임금의 명령을 행동에 옮겨 백성에 이르게 하는 사람이고, 백성은 곡식과 베를 내고 그릇을 만들며 물품을 운반하여 윗분을 섬기는 사람"[24]이 아니다. 그렇기 때문에 이러한 이념에서 벗어난 사설(邪說)을 감히 퍼뜨리는 것은 '성인'을 기만한 것으로서, 한순간의 아첨하는 말을 통하여 만대에 걸친 후손들의 마음을 파괴한 것이니 죄는 더욱 용서할 수 없다[25]는 입장에 선다.

그리하여 유교 민본주의의 입장을 견지하면서 서구 민주주의 이론으로 나아간다. 그러나 민주나 군민공주와 같은 이론에 대한 깊숙한 언급은 없고 민본론적 설명에 머물고 있다. 이것은 담사동의 사상이 갖는 계몽적 한계이지만 우리가 특기할 것은 공자와 맹자를 민주 원리의 선양자로 본다는 점이다.[26]

그는 하늘도 인간과 마찬가지로 우주의 존재원리인 에테르를 공유한다는 점에서 서로는 가치가 동일하다는 규정에 도달하여, 지배권이 선험적 존재로 파악하여 악용하는 것에 반대하였다.

군주제 통치원리를 비판하는 담사동의 정치사상은 '주권재민'의 이론에 가까운 것이었다. 담사동은 한 개량파의 인물이 되어 의심할

---

23 『孟子』「離婁下」.
24 韓愈,「原道」.
25 『仁學』상편 29장 참조.
26 『仁學』상편 29장 참조.

바 없이 개량파의 공동 정치 주장이었던 군민공주를 초월하지는 못했지만, 그의 정치사상에서 주목해야 할 것은 동시대의 수많은 유신 인사들을 초월하였고 자본주의 계열의 민주혁명의 수준 높은 단계에 비교적 접근하였다는 점이다.[27] 이 같은 담사동의 정치사상을 통하여 '민주'나 '군민공주'(유럽식 의원내각제)와 같은 근대 민주론을 개진함으로써 중국의 전제제도 하의 인간관계 규범인 삼강오상을 바꾸어야 한다는 강력한 희망을 읽을 수 있다.

그는 전제주의적 신분질서의 해소를 주장하고 민주적 '자유'를 언급하기에 이른다. 이는 인민 각자가 자기에게 주어진 자연적 직분(개체성)을 다하면서 지닐 수 있어야 한다는 대동론의 연장선에 있는 것으로 볼 수 있다.

군주제에 대한 강한 거부감이 들어 있는 그의 이론에는 장자적 자유정신이 스며든다. 그가 보기에, 지구의 다스림, 곧 대동이란 천하만 있고 나라는 없는 데에서 이루어진다. 장자는 "천하를 자연에 맡겨 간섭하지 않는다〔在宥〕는 말은 들었어도, 천하를 다스린다는 말을 듣지는 못했다"[28]고 한다. 나라를 두어 다스리는 것을 매우 부자연스럽게 여긴다.

그는 장자철학의 재유(在宥, tsai-yu, 짜이유)가 자유(自由, tzu-yu, 쯔유)의 음이 전화(轉化)된 것일 것이라고 상상하면서 사람마다 자유로울 수 있으려면 반드시 나라 없는 백성이 되어야 한다고 한다. 그렇게 될 때 경계가 소멸하고, 전쟁·시기·권모·피아(彼我)의 구별이 사라져 평등이 출현할 것이라는 대동론을 견지함으로써, 동아시아적 사유를 통해 서구적 천부인권의 자유, 평등을 논하는 모습을 보인다.[29]

27 徐義君, 『譚嗣同思想硏究』, 湖南人民出版社, 1982, 3~4쪽 참조.
28 『莊子』, 「在宥」.
29 『仁學』 하편 47장 참조.

제2장 개혁 의지의 중요성

세상을 바꾸어야 한다는 담사동의 사고에는, 세상 변화의 의지가 중시된다. 우리가 이 세상을 사노라면 삶을 영위하고 개선할 청사진도 필요하지만 그에 따른 의지력도 중요하다. 담사동은 대동론의 테두리에서, 또는 시대에 맞는 세상 변화에 관한 안을 제시하며, 여기에 세상의 변화를 가능하게 할 수 있는 의지력을 문제삼는다.

서양 금언에 "의지가 있는 곳에 길이 있다(Where there is a will, there is a way)"는 말이 있다. 이는 사람이 마음만 먹으면 무엇이든 할 수 있다는 의미이다. 담사동도 이 같은 믿음을 갖고 있었던 것 같다. 그는 인간이 마음먹으면 무엇이든 해낼 수 있다는 믿음을 '심력(心力)'이라는 용어로 축약한다.

그것은 연원적으로 『서경』과 『맹자』 등에 산견되는 '심(心)'의 중시와 무관하지 않다. 『서경』에는 "인심(人心)은 위태롭고, 도심(道心)은 미묘하니 정일(精一)하여야 진실로 그 중(中)을 잡을 것이다"[1]라고 하였다. 사람의 마음은 어디로 향할지 모른다. 자연의 이치로 본다면 도를 향하는 마음을 타고났을 것이지만, 역시 꼭 그렇지도 않다는 점에서 인심이라 할 수 있다. 오직 정교하게 한 곳으로 집중하여 쏟는 수양된 마음일 수 있을 때, 중용의 상태를 잡아낼 수 있을 것이다.

여기서 마음은 사람의 지각이다. 또 『맹자』에는 "양혜왕이 '과인(寡人)은 나라에 대하여 심(心)을 다할 뿐입니다'"[2]라고 하여 인간 내면의

---

1 『書經』「大禹謨」: 人心, 惟危, 道心, 惟微, 惟精惟一, 允執厥中.
2 『孟子』「梁惠王章句上」 3장: 梁惠王曰, 寡人之於國也, 盡心焉耳矣.

의지로서 심(心), 곧 마음을 매우 중시한다. 또 『맹자』에는 "맹자가 '그 심(心)을 다하는 사람은 그 성(性)을 알 것이니, 그 성(性)을 알면 천 (天)을 알 것이다'"[3]라고 하였으니, 심(心)은 사람의 신명(神明)으로 '여러 이치를 구비하여 만물에 대응하는 수단'(주자 주(注))이다.

그런데 담사동에 이르러 심력은, 유교의 중심 개념인 '인(仁)'과 결합되어 그의 세계관을 구성하는 데 있어 중요한 요소가 된다. 그의 사상에서 에테르가 천지만물의 통일과 그 작용을 맡는 것이라면, 심력은 인간의 인식능력과 의지력이다.[4]

'인(仁)'이 '통(通)' 곧 정치 사회에 걸친 평등이나 제반 소통 작용을 의미한다면, 심력(心力)은 이 통(通)의 기능적 측면으로 설정하였다 할 수 있다. 재래의 가치관에서 비롯된 '막힌 상태'에 대한 개혁이라는 소통 작용이 필요하고 이를 위하여 심력이라는 의지력을 요구한 것이다.

그에 의하면, 인력으로 혹 이르지 못할 것이 있겠지만, 마음으로 마땅히 이르지 못할 것이 없다. 일심(一心)의 역량은 일찍이 이미 공기에 전해져 분자로 하여금 크게 진동하게 하여 중인(衆人)의 뇌신경에 들어가, 비록 여러 가지로 막을지라도 마침내 자리에 돌아가지 않을 수 없는데, 이것이 곧 귀신의 정상과 정성의 실제라는 믿음을 견지한다.[5]

> 마음의 역량은 비록 천지의 크기로도 비교하거나 헤아릴 수 없으며,
> 비록 천지의 크기라 하더라도 마음을 통해서 이루기도 하고, 파괴하기도 하며, 개조할 수 있으니, 여의치 않을 것이 없다. 예컨대 화살이

---

3 『孟子』「盡心章句上」1장: 孟子曰, 盡其心者, 知其性也, 知其性, 則知天矣.

4 다케우치 히로유키(竹內弘行), 「譚嗣同の萬物一體論－「以太」と「心力」の二概念を中心として－」, 『東方學』 49, 1975, 69쪽 참조.

5 「上歐陽中鵠」 『譚嗣同全集』 下冊, 460쪽.

돌에 박힐 수는 없으니, 이것은 일정한 이치이다. 이치는 무엇인가? 곧 천(天)이다. 그러나 지성(至誠)으로 감동되는 것은 깃털을 마시게 할 수 있다. 이 이치는 마음으로 도달되는 것이고, 물론 하늘도 마음으로 이르는 것이다.[6]

여기에 '심즉리(心卽理)'라는 양명학의 심본체(心本體) 철학처럼 "마음은 곧 하늘이요, 이치이다"라는 언급이 보인다. 마치 기적과 같은 일을 마음으로 할 수 있다는 그의 견해에, 인간은 마음에 의하여 자연과의 감응을 통해 무엇이든 할 수 있다는 논조도 있다. 그는 "『치심면병법』에서 말한 감응의 이치는 모두 자연과학을 통해서 얻었으니, 이것은 곧 화학과 전기의 근원이다"[7]라고 하여, 과학과 종교를 무비판적으로 흡수하는 모습을 보인다.

그가 『인학』 「인학계설」에서 "인(仁)의 가장 근본적인 의미는 서로 통함이라 할 때 에테르, 전기, 심력은 모두 통하는 수단을 가리킨다"[8]고 하여, 한편으로 그의 존재론적 사유가 에테르나 전기와 같은 물리나 화학 차원의 물질성으로 가득 차지만, 또 한편으로 심력을 말하여 종교 차원의 신비주의를 넘나든다.

담사동은 그의 스승 구양중곡에 보낸 「상구양중곡(上歐陽中鵠)」[9]에서 그 스스로 "북유방학기(北游訪學記)"라 이름하고 있는 10번째 글, 마치 『인학』의 요약본인 양 그 내용이 매우 흡사한 이 글에서 심력과 관련시켜 『치심면병법(治心免病法)』을 언급한다. 이 저작은 미국인 Henry

---

6 「上歐陽中鵠」『譚嗣同全集』下冊 460쪽: 心之力量雖天地不能比擬, 雖天地之大 可以由心成之, 毀之, 改造之, 無不如意. 卽如射不能入石, 此一定之理. 理者何? 卽天也. 然而至誠所感, 可使飮羽. 是理爲心所致, 亦卽天爲心所致矣.
7 「上歐陽中鵠」『譚嗣同全集』下冊 461쪽: 此書所言感應之理, 皆由格致得來, 是 卽化電之根源.
8 『仁學』仁學界說 (1) : 仁以通爲第一義. 以太也, 電也, 心力也, 皆指出所以通之具.
9 『譚嗣同全集』458~468쪽에 수록.

Wood(1834~1909)에 의해 쓰인 것으로 1893년에 출판되었는데, 존 프라이어가 1896년 중국어로 번역하였다.[10] 원제(原題)는 *Ideal Suggestion through Mental Photography*로 1894년 보스턴에서 재판(再版)되었다. 그것은 심(心)에 의하여 병을 치유하는 정신의학의 책이지만, 정신의 육체에 대한 근원적 우위를 신뢰하는 담사동은 거기서 중국에 일찍이 있지 않았던 병폐에서 벗어나기 위한 방법을 발견한다.[11]

담사동은 이 글에서 일심(一心)의 역량에 매우 유의한다. 그는 기를 통해 마음을 설명함으로써 사람 마음에 능동성을 부여하였다. 그의 철학에서 기가 우주만물의 발생 근원이 된 것은 『인학』 이전의 저작에 보이거니와, 이러한 기철학적 특징은 『인학』에서 물리학의 용어인 '에테르'를 통해 그 맥락을 잇는다.

그리하여 그는 우주만물의 모든 현상과 정신의 세계를 에테르의 속성으로 규정하고 여기에 인간 내면의 동력을 심력이라는 이름으로 표현한다.

> 심력을 우리 눈으로 볼 수 있는가? 사람이 그것에 힘입어 일을 처리하게 하는 힘이 바로 이것이다. 내가 그것을 형용할 방법이 없는데, 역학자(力學者)의 요철력(凹凸力)의 모양새로 형상해보자. 어떤 일을 잘 처리할 수 있을수록 그 요철력은 더욱 크다. 이 힘이 없으면 일을 처리할 수 없고, 요철력이 한 번 세게 움직일 때 '활을 최대한 강하게 잡아당길 때'처럼 튀어 나가지 않을 수 없는 힘이 존재한다. 비록 천만 사람이라도 그것을 막아 방향을 돌릴 수는 없을 것이다.[12]

---

10 Chan Sin-wai, 앞의 책, 196쪽 참조.
11 高田淳, 『中國の近代と儒教』, 紀伊國屋書店, 東京, 1981, 101쪽 참조.
12 『仁學』 하편 45장: 心力可見否? 曰人之所賴以辦事者是也. 吾無以狀之, 以力學家凹凸力之狀狀之. 愈能辦事者, 其凹凸力愈大. 無是力, 卽不能辦事, 凹凸力一奮動, 有挽强持滿, 不得不發之勢, 雖千萬人, 未或能遏之而改其方向者也.

그는 심력을 통해 무한한 일을 해낼 수 있다고 믿는다. 요철력과 같은 물리력에 인간의 능동적 의지를 비유하여, 그 가능성을 무한한 것으로 여긴다. 그는 마음이라는 정신 존재를 인정하면서, 질점(質點) 곧 분자의 진동과 귀신의 정상(情狀)을 동일시한다.

제3장 자연과학과 심학, 물리와 도리의 문제

담사동 이전에 마음이 개인에 내재한 도덕적 능력으로 파악되었다면, 담사동에 이르면 근대라는 시대 상황을 반영하여 도덕은 물론 정치, 경제, 사회를 변혁할 수 있는 잠재력, 개혁의지로 전화한다. 앞에서 살핀 바 대로 그는 심력을 정신에 내재한 물리학적 힘으로 파악하였다. "인(仁)의 가장 근본적인 의미는 통(通)이다. 에테르·전기·심력은 모두 통하는 수단을 가리킨다"[1]거나, "에테르·전기는 비근한 도구로, 그 이름들을 빌려 심력을 설명한다"[2]고 하여 인간의 내적 도덕과 외적 물리력을 포괄하는 의미를 심력에 부여하였다. 그는 이렇듯 심학과 자연과학을 따로 떼지 않고 유기적인 관계 속에서 논의되어야 한다고 말한다.

> 각국이 참으로 심학(心學)을 밝히 강구할 수 있으면, 모든 살인의 도구는 스스로 다 버려져 길을 덮지는 않을 것이다. 이것은 반드시 있어야하는 일로, 중생의 기쁨과 위로가 될 수 있다. 그러나 반드시 자연과학과 정무(政務)로부터 착수해야, 바야흐로 만추태사(曼秋太史)의 정성만을 전일(專一)한다는 이론과 뒤섞이지 않을 것이다. 그러므로 "아래에서 인간의 사리를 배우고 위로 하늘의 도에 통한다"는 것이다.[3]

담사동의 인식으로 글로벌 차원에서 각국이 심학을 강구한다면 살

---

1 『仁學』 仁學界說 (1) : 仁以通爲第一義. 以太也, 電也, 心力也, 皆指出所以通之具.
2 『仁學』 상편 「仁學界說」(二) : 以太也, 電也, 粗淺之具也, 借其名以質心力.
3 「上歐陽中鵠」 『譚嗣同全集』 下冊, 461쪽 : 各國苟能講心學, 一切殺人之具自皆棄置勿復道. 此是必有之事, 可爲衆生豫賀. 然必由格致政務入手, 方不雜於曼秋太史專精誠之說, 故曰, 下學而上達也.

인의 도구는 지구상에 더 이상 존재하지 않을 것이고, 이렇게 될 때 중생의 기쁨과 위로가 마련될 것이다. 그렇지만 먼저 논의되어야 할 것이 자연과학과 정치에 관한 일이다. 한결같이 정성을 쏟는 도덕적 인간학적 삶의 태도가 요구되지만, 거기에 그치지 않고 외적 현안으로서 과학의 발달과 정치 현안의 해결이 요구된다. 당초 공자가 추구한 하학상달의 경지에서 "아래에서 인간의 사리를 배우고 위로 하늘의 도에 통한다"는 견해를 편 것이다.

전지구 차원에서 대동 사상가다운 면모를 보이는 그가 "중화(中和)를 이룩하면 천지가 그로부터 제자리를 잡고, 만물이 그로부터 생육한다고 하였으니, 지성의 도리는 속일 수 없다"[4]고 하거나 "아마 온 세상 사람들의 뇌신경은 모두 서로 연결된 것일 것이다. 이쪽에서 한 선념(善念)을 표현하면 저쪽에서 그것에 대한 응답이 있을 것이다. 마치 전신(電信)에 의존하는 것처럼 만리에 장애가 없을 것이다"[5]라고 하여, 대상이나 사물, 사안에 관한 소통적 인식에는, 인간 내면의 역할도 매우 중요한다는 신념이 포함되어 있다.

궁극적으로 담사동은 자연과학과 심학, 도리와 물리, 형이하학과 형이상학을 아우르는 접근법을 써서 현안을 논의해야 한다는 입장에 있었고, 이는 앞서 이미 살펴본 대로, 그가 '인학'을 '인(仁)'과 '학(學)'으로 나누어 '인'을 대상 간 소통으로 규정하고 '학'을 자연과학을 말한다고 하여 사물 간 원활한 관계의 확보를 추구하되 중국의 현안문제 해결에 근대적 학문인 자연과학의 중요성을 인식한 흐름을 유지하였다. 또 무엇보다 중요한 것이 막힌 현안을 꿰뚫을 수 있는 있는 의지력이야말로 더없이 중요한 것임을 피력하였다.

---

4 「上歐陽中鵠」, 『譚嗣同全集』 下冊, 462쪽: 致中和, 天地位焉, 萬物育焉, 至誠之道, 不可誣也.

5 「上歐陽中鵠」, 『譚嗣同全集』 下冊 462쪽: 蓋天下人之腦氣筋皆相連者也. 此發一善念, 彼必有應之者. 如寄電信然, 萬里無阻也.

제4장 근대 자본주의 시스템 수용의 요구

담사동은 중국인의 근대의식 부재를 꼬집는다. 그 단적인 표현은 "서양 사람들은 밖에 있는 기계로 물건을 만들지만 중국은 마음에 있는 기계로 겁운을 제조한다"는 것이다.[1] 그는 기계공업의 발전에 대한 견해를 제시하고,[2] 통상(通商)을 주장하고, 자유무역, 보호관세 철폐를 주장하기도 한다.[3] 통상의 의미는 중국과 외국의 소통을 의미하는 중외통에 포함되는 것인데, 그것은 건강한 생명존재의 원리로서 인(仁)한 행위이다. 혈액이 잘 순환하는 존재의 원리인 것처럼[4] 통상은 중외(中外)가 소통하는 건강한 존재 행위를 의미한다.

정태적 소극성보다는 역동적 적극성을 요청하는 담사동의 철학에서, 소극적 검약보다는 적극적 경제활동이 지향된다. 그에 의하면 '검(儉)'은 '첨인(僉人)'으로 "비천한 사람"이다.[5] 오히려 사치가 요구된다.

사치란 과다한 물질 소비로서 왕성한 재화생산을 가능하게 한다고 본 것이다. "사치를 고양하고 검약을 배척해야 한다"는 이른바 "숭사출검(崇奢黜儉)"을 표방하는 담사동은, 그가 추구하는 공자의 '인(仁)'과 닿아 있다고 보는 '겸애'의 주창자 묵자의 '절검(節儉)'도 배격한다.[6]

절검이란, 절약과 검소로서 근대적 시대 조류에 맞지 않는다고 본

---

1 『仁學』 하편 42장 참조.
2 『仁學』 상편 21~24, 42장 참조.
3 『仁學』 하편 42장 참조.
4 『仁學』 상편 5장 참조.
5 『仁學』 상편 23장 참조.
6 『仁學』 自敍 참조.

것이다. 그의 사유에 자본주의 경제 이론의 기초인 수요 공급의 법칙과 같은 논리가 전개되고 있는데, 그의 견해에 의하면 검약과 사치는 저절로 조절된다는 것이다.[7] "오늘 한 끼니 분량의 절감으로 세상에는 그 절감만큼 굶주림을 당하는 사람이 반드시 있고, 내일 옷 한 벌 분량의 절감이 있다면 세상에는 절감한 양만큼 추위에 떠는 사람이 있을 것이다. 집에 거대한 금액의 돈을 쌓아도 가난한 사람이 있는 것과 다를 바가 없다"[8]고 한다. 그는 또한 검약을 기득권층의 겸병강탈술(兼併强奪術)로 이해한다. "검약은 미덕"이라는 슬로건은 오히려 간사하고 악한 자질을 가진 사람들이 높은 지위를 이용하여 약자인 대중의 소유물을 겸병강탈하는 수단일 뿐이라고 인식한다.[9]

더욱이 그는 경제활동의 억제를 지배층에 의한 우민책(愚民策)의 하나로 본다. 검약을 강조하여 소수 계층에 의해 부(富)가 독점됨으로써 궁핍이 조장된다고 본다. 곧 빚을 주어 이자가 원금보다 크게 되면 먼저 저당을 잡고, 쌀을 사고 팔 때는 급한지 여부를 몰래 노리고 있다가 크게 이익을 취하여, 못사는 사람들을 억압하는 수단이라고 하여 경제활동을 위축시키는 일을 격렬히 비판하면서 근대적 자본주의 체제로 나아갈 것을 적극 주장한다.[10]

따라서 노자적 '검약'이나 소극이 비판되고, 묵자의 절검보다는 '사치'가 담사동의 사상에서 지향된다. 물자 소비의 증가와 소비 물자의 증가를 의미하는 견해인 숭사론(崇奢論)은 청말 경제사상과 관련하여 담사동의 '인학'이 갖는 두드러진 특색이다.

당시의 사상가들을 볼 때, 풍계분(馮桂芬, 1809~1874)의 「숭검절의(崇儉

---

7 『仁學』 상편 20장 참조.
8 『仁學』 상편 20장: 今日節一食, 天下必有受其飢者; 明日縮一衣, 天下則有受其寒者. 家累巨萬, 無異窮人.
9 『仁學』 상편 20장 참조.
10 『仁學』 상편 20장 참조.

節議)」·탕수잠(湯壽潛)의 「위언(危言)」·진치(陳熾, ?~1899)의 「용서(庸書)」에서 장지동(張之洞, 1837~1909)의 「변법주의(變法奏議)」, 엄복(嚴復, 1853~1921)의 「원부안어(原富案語)」에 이르기까지 "검약을 높이 여기는 견해" 아닌 것이 없었다.[11]

근대적 자본주의 시스템을 수용하여, 중국의 변화를 매우 절실하게 희망한 담사동은 정치에 있어 인민의 신분 평등 외에 빈부 균등에도 상당한 관심을 갖는다. 그는 이 같은 관심이 대동론과 일치하는 것으로 이해하고 있다. 이런 의미에서 미국인 Edward Bellamy의 『Looking Backward 2000~1887』의 내용과 『예기』 「예운」에서 말한 '대동'의 표상이 일치하는 것으로 파악한다.

> 게다가 세계가 있더라도 세계가 없는 것과 같을 것이다. 군주제가 폐지되면 귀한 사람과 천한 사람이 평등할 것이며, 공리(公理)가 분명하면 빈부가 균등할 것이다. 천 리 만 리 떨어진 사람이 한 가족, 한 사람과 같을 것이다. 그 가정을 손님 맞는 곳과 같이 여길 것이며 그 사람 보기를 동포처럼 할 것이다. 부자와 형제 간에 우애와 공경이 뭔지 모르고 살 것이며, 남편과 부인은 부창부수(夫唱婦隨)가 뭔지 모르고서도 살 것이다. 서양 책의 『백년일각(百年一覺)』이라고 하는 것도 『예기』 「예운」편에서 말한 대동의 모습과 거의 비슷할 것이다.[12]

『백년일각(Looking Backward 2000~1887)』은 지금은 중국에서 『회고(回顧)』로 번역되어 있다. 일련의 정치 유토피아 소설로 1888년에 초판되었다. 주인공 Julian West가 불면증을 앓고 있는데 그가 30세 되던 어느 날(1887.5.30), 미혼 처녀 Edith Bartlett와 만난 후 이상한 흥분을 느끼게

---

11 林載爵, 『譚嗣同』 (中國歷代思想家 四八), 商務印書館, 臺北, 1977, 60쪽 참조.
12 『仁學』 하편 47장 참조.

된다. 집에 돌아간 후 의생(醫生)에게 최
면술을 걸어줄 것을 요청하게 되고, 그
리하여 잠에서 깨어나 보니 이미 113년
후 2000년 9월 10일이 된다. 그는 113년
3월 11일을 잠잔 것을 깨닫는다. 이때
Julian West의 얼굴과 용모는 옛 그대로
하찮은 존재였지만 미국 사회는 이미
하늘과 땅이 뒤집어진 정도로 변화해
있었다. 사람들은 평등하고 공장의 노
동은 눈 코 뜰 새 없었고 물질은 극도

에드워드 벨러미(Edward Bellamy,
1850.3.26~1898.5.22)

로 풍부하였으며 사회문명은 질서가 있었으며 이미 범죄와 감옥은 없
어졌고, 역시 군대도 있지 않았으며 가정은 여전히 사회의 기본 구성
단위였다.[13]

담사동은 일면 마르크스적 사회주의 단계의 사유에까지 이르지는
않았지만 자본주의가 공상적 사회주의로 변한 벨러미의 작품에 보이
는 유토피아 소설을 유교에 내재한 사회주의적 요소와 같은 맥락에
서 이해하여 사회 변화를 꿈꾸고 있었다.

결국 담사동의 대동주의는 지옥 같은 청조 타파를 모색한 것이지
만 그것은 이상에만 머물러 있지는 않았다. 중외통과 관련하여 볼 때
영국 연방과 같은 통합 형태에서 군주를 추대하는 정치체제의 도입
을 희망하는 듯한,[14] 다소 현실과 동떨어진 구상도 있지만, 궁극적으
로 정치, 경제, 사회에 걸쳐 막힌 시스템을 비교적 열리고 평등한 민
주제도로 바꾸자는 것이었고, 요즘 한참 논의되고 있는 자유무역협
정과 같은 대외무역을 주장하는 개방된 견해를 피력한 것이다.

---

13 何紹斌, 『中國比較文學』, 2008年, 第4期, 1쪽 참조.
14 『仁學』 하편 41장 참조.

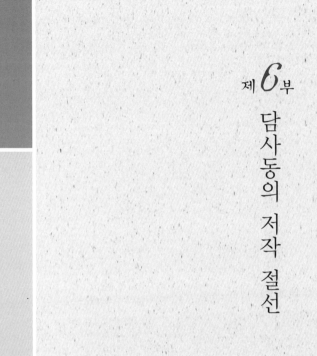

제 *6* 부

담사동의 저작 절선

제1장 「이태설(以太說)」

─ 에테르에 관한 견해

눈으로는 색깔을 볼 수 없고 귀로는 소리를 들을 수 없다. 입과 코로는 맛보거나 냄새맡을 수 없어 이름할 방법이 없다. 이름한다면 '에테르'이다. 그것이 작용하여 나타날 때 물결이 되고 힘이 되며, 분자가 되고 뇌신경이 된다. 진리의 세계가 이로부터 생기고 허공(虛空)이 이 때문에 세워지며 중생은 이로부터 나온다. 형체는 없지만 모든 형체에 붙어 있는 것이며, 무심(無心)하지만 온갖 마음이 느끼는 것이다. 그것을 정교하게 표현한다면, 물론 '인(仁)'일 뿐이다.

「以太說」: 目不得而色, 耳不得而聲, 口鼻不得而臭味, 無以名之, 名之曰 '以太'. 其顯於用也, 爲浪爲力爲質點爲腦氣. 法界由是生, 虛空由是立, 衆生由是出, 無形焉而爲萬形之所麗. 無心焉而爲萬心之所感, 精而言之, 夫亦曰 '仁' 而已矣.

제2장 「논학자부당교인(論學者不當驕人)」
— 학자는 남에게 교만해서는 안 됨을 논함

게다가 우리나라의 교만은 더욱 여기에 그치지 않는다. 걸핏하면 서양 사람들이 윤상(倫常)이 없음을 느닷없이 꾸짖어대는데, 이것은 크게 옳지 않다. 윤상이 없다면 나라가 어떻게 존재할 수 있었겠는가? 가령 윤상이 없이도 오히려 나라가 오늘날의 평화와 번영을 이룩할 수 있다면, 나라를 다스리는 사람들이 또다시 무엇 때문에 윤상을 필요로 하였겠는가? 오직 그것만은 전혀 등한시할 수 없는 것이니 이 때문에 서양 사람들은 윤상을 최대한 강구하였다. 또한 더욱 정교하면서도 더욱 실질적이었으니, 민주(民主)·군민공주(君民共主)의 경우, 어찌 윤상 중 크게 공평한 것이 아니겠는가? 더욱이 서양 사람들이 병사를 징집할 때, 독자(獨子)의 경우 가정에 머물러 부모를 봉양하게 하는 조항과 거상(居喪)을 가장 중요시하는 예(禮)가 있으니, 어찌 아비와 자식을 업신여긴다 할 수 있겠는가? 서양 사람들은 일부일처의 세상을 스스로 운명으로 여겨 첩(妾)을 두는 일이 절대로 없다. 어찌 부부 윤리의 지극히 올바른 것이 아니겠는가?

「論學者不當驕人」『譚嗣同全集』: 且我國之驕又不止此, 動輒詆西人無倫常, 此大不可. 夫無倫常矣, 安得有國? 使無倫常而猶能至今日之治平强盛, 則治國者又何必要倫常乎? 惟其萬不能少, 是以西人最講究倫常, 且更精而更實, 卽如民主·君民共主, 豈非倫常之大公者乎? 又如西人招民兵, 有獨子留養之例, 又最重居喪之禮, 豈得謂其無父子乎? 西人自命爲一夫一妻世界, 絶無置妾之事, 豈非夫婦一倫之至正者乎?

제3장 「사편(思篇)」

이제 이른바 지학자(地學者)가 있어 화석(化石)을 고찰하여 그 생물에 대해 터득하게 되었다. 그리하여 홍수가 범람하기 이전의 추위·더위·습기의 이상 기후와 산·바다·강·육지의 형태 변화에 온갖 번성하였던 만물이 위를 가까이하기도 하고 아래를 가까이하기도 하여 꿈틀거렸던 야릇한 모습과 빙하기(氷河期)와 화산기(火山期)의 변화에 돌칼과 동칼의 기이함을 알게 되었다. …… 곧 그 알게 된 바로써 천지생물의 순서를 밝혀냈으니, 모두 조개류에 앞선 것이 없었고, 어류는 그 다음이고 뱀과 어류가 그 다음에, 조수가 또다시 그 다음이었고 인류는 가장 나중에 출현한 것이었다.

「思篇」『譚嗣同全集』: 今有所謂地學者, 考察殭石, 得其生物, 因知洪荒以上寒暑燥濕之異候, 山海水陸之改形, 百昌萬彙, 親上親下, 蜎飛虫需動之殊狀, 氷期火期之變, 石刀銅刀之奇 …… 卽其所及知, 以究天地生物之序, 盖莫先螺蛤之屬, 而魚屬次之, 蛇魚之屬又次之, 鳥獸又次之, 而人其最後焉者也.

제4장 「보패원징(報貝元徵)」
— 패원징에 답함

    도(道)는 기(器)와 떨어져 있지 않음을 참으로 변별한다면 천하의 기됨도 역시 클 것이다. 기가 이미 변했다면, 도만 어찌 유독 변하지 않을 수 있겠는가? 변해도 여전히 기이면서 또한 여전히 도와 떨어져 있지 않다. 사람이 스스로 기를 버릴 수 없겠거늘, 또다시 어떻게 도를 버리겠는가?

    「報貝元徵」『譚嗣同全集』: 夫苟辨道之不離乎器, 則天下之爲器亦大矣. 器旣變, 道安得獨不變? 變而仍爲器, 亦仍不離乎道, 人自不能棄器, 又何以棄道哉?

    더욱이 도는 성인만 홀로 소유한 것이 아니다. 중국만 사유(私有)한 것도 더욱 아니다. 오직 성인만은 기로부터 도를 극진히 할 수 있었다. 그렇기 때문에 성인에 도를 귀결시키는 것이다. 도를 성인에 귀결시키는 것은 오히려 옳다. 저들 서양인들도 성인을 소유하고 있지 않음이 없다. '그렇기 때문에' 중국만 그것을 사유하고 있다고 하면 크게 옳지 않다.

    「報貝元徵」『譚嗣同全集』: 且道非聖人所獨有也, 尤非中國所私有也, 惟聖人能盡之於器, 故以歸諸聖人. 以歸諸聖人, 猶之可也. 彼外洋莫不有之. 以私諸中國, 則大不可.

학술은 변화할 수 있는가? 물론 '복고'일 뿐이다. 당우(唐虞: 요순) 교체기에 농사를 맡은 사람은 직(稷)이고 수공업을 담당한 사람은 수(倕)이며, 농토에 물대는 일을 담당한 사람은 우(禹)였다. 산림을 담당한 사람은 익(益)이었고 교육을 담당한 사람은 설(契)이었으며 형벌을 담당한 사람은 고요(皐陶)였고 예악을 담당한 사람은 백이(伯夷)와 기(夔)였으며, 역산(曆算)을 담당한 사람은 희화(羲和)였는데, 모두 다 그가 맡은 학문을 깊이 연구하였다.

그러므로 그 관직을 대부분 세습하였으면서도 여러 성인들은 서로 자문하였다. 더욱이 병부(兵府)와 형부(刑府) 등의 '날 음식과 거친 음식을 내고, 있는 사람 것을 없는 사람에 힘써 옮겨 거처를 바꿔주는'[1] 실사(實事)에서 벗어나지 않았다. 천박하게나마 한가지 관직명이나 하나의 물자를 만들기에도 부족한데도 따로 이른바 '도'라는 것을 구하겠는가?

「報貝元徵」『譚嗣同全集』: 學術可變乎? 亦曰復古而已矣. 唐·虞之際, 任農者稷, 任工者倕, 任水土者禹, 任山林者益, 任敎者契, 任刑者皐陶, 任禮樂者伯夷·夔, 任曆算者羲和, 皆深明其學. 故多世其官職, 而群聖之相與咨謀, 又不離乎兵刑鮮食艱食懋遷有無化居之實事. 有薄一名一物之不足爲, 而別求所謂道者?

---

1 『書經』, 「益稷」에는 "奏庶艱食鮮食, 懋遷有無, 化居"로 되어 있다. 필자는 이에 의거하여 보충역(補充譯)하였다.

제5장 『인학(仁學)』

1. 인학자서(仁學自敍)

인(仁)이라는 글자는 二(둘)와 인(人)을 따라 이루어진 것으로, 사람과 사람이 서로 짝한다는 의미이다. '궁극의 근원으로서의' 원(元)은 이(二)와 인(儿)으로 이루어진 것이고 인(儿)은 인(人)의 옛 글자로 이것 역시 인(仁)이다. 무(无)에 대해, 허신(許愼)이 원(元)은 무(无)와 통한다고 하였는데, 무(无)도 이(二)와 인(人)으로 이루어진 것으로 역시 인(仁)이다. 그러므로 인(仁)을 논하는 사람은 근원(元)을 이해하지 않으면 안 되는데, 그 작용은 무(无)에서 극대화할 수 있다.

'仁'从二从人, 相偶之義也. '元'从二从儿, '儿'古人字, 是亦'仁'也. '无', 許說通'元'爲'无', 是'无'亦从二从人, 亦'仁'也. 故言仁者不可不知元, 而其功用可極於无.

묵가(墨家)에는 두 파가 있는데 하나는 임협(任俠)으로서 내가 말하는 인(仁)이다. 한(漢)나라 때는 당고(黨錮)가 있었고 송(宋)나라 때에는 영가(永嘉)가 있었는데, 대략 같은 면모를 보였다. 또 하나는 격치(格致)로 내가 말하는 학(學)이다. 진(秦)나라 때에는 『여씨춘추(呂氏春秋)』가 있었고 한나라 때에는 『회남자(淮南子)』가 있었는데 각기 그 단편적인 것을 전한다. 인(仁)과 학(學), 학(學)과 인(仁)이어야 하므로, 지금의 학자들은 그 고원(高遠)한 것을 일삼아서는 안 된다!

墨有兩派, 一曰'任俠', 吾所謂仁也, 在漢有黨錮, 在宋有永嘉, 略得其
一體. 一曰'格致', 吾所謂學也, 在秦有『呂覽』, 在漢有『淮南』, 各識其偏
端. 仁而學, 學而仁. 今之士其勿爲高遠哉!

아마도 묵자의 두 학파(任俠과 格致)는 가까이로는 공자와 예수를 합
하고 멀리로는 불교의 진리를 탐구했다고 하더라도 충분할 수 있을
것이다.

蓋卽墨之兩派, 以近合孔耶, 遠探佛法, 亦云汰矣.

몇몇 호걸(豪傑)들은 역시 때마다 '전통적인' 교(敎, 가르침, 여기서는
유교)가 망할지 모른다는 깊은 우려를 하지만, 나는 저으기 그렇다고
생각지 않는다. 무엇 때문인가? 교(敎)란 없어질 수 없는 것이다. 교(敎)
이면서 없어진다는 것은 반드시 그 교(敎)의 뿌리가 보존될 수 없기
때문이니, 없어진다고 한탄할 것도 없다. 지극한 교(敎)라면 기껏해야
그 이름을 잃는 것에 지나지 않을 뿐, 그 실질은 참으로 없어지는 것
이 아니다. 이름은 성인(聖人)이 그것을 '잃지 않으려고' 다투거나 하
는 것이 아니다. 성인이라는 것조차도 이름인 것이다. 성인의 이름이
니 성(性, 姓)이니 하는 것도 모두 이름이다. 가령 내가 말하는 인(仁)
또는 학(學)이라는 것도 이름이니 이름은 곧 '실질의' 존망(存亡)과는
무관하다.

二三豪傑, 亦時切亡敎之憂, 吾則竊不謂然. 何者? 敎無可亡也. 敎而
亡, 必其敎之本不足存, 亡亦何恨? 敎之至者, 極其量不過亡其名耳, 其
實固莫能亡矣. 名非聖人之所爭. 聖人亦名也, 聖人之名若性皆名也. 卽
吾之言仁言學, 皆名也. 名則無與於存亡.

도(道)는 똥과 오줌에도 있다. 불교의 진리는 "똥을 닦는 막대〔乾屎橛 (간시궐)〕"라 해도 안 될 것은 없다. 왜 그런가? 다 이름이기 때문이다. 그 실질은 참으로 사라질 수 없다. 오직 그 실질이 있는데도 그 실질을 다할 수 없으면 사람들로 하여금 '무엇이 이름이고 무엇이 실질인지 구분 못하는' 이름과 실질의 고통스러움에 어지럽도록 한다.

「仁學 自敍」: 道在屎溺, 佛法是乾屎橛, 何者? 皆名也, 其實固莫能亡矣. 惟有其實而不克旣其實, 使人反瞀於名實之爲苦.

먼저 이록(利祿)의 구속을 타파해야 하고 다음으로 고증학이나 사장학(詞章學)과 같은 세속의 학문에 얽매이는 구속적인 요소를 타파해야한다. 또 다음으로는 전지구상의 여러 학문의 구속을 타파해야 하고, 또 군주의 구속으로부터, 삼강오륜의 구속적 요소와 천(天)을 들먹이며 가져오는 구속에서 차례차례 벗어나야 한다. 마지막으로는 장차불교 진리의 구속에서도 벗어나야 할 것이다.

初當衝決利祿之網羅, 次衝決俗學若攷據若詞章之網羅. 次衝決全地球群學之網羅, 次衝決君主之網羅, 次衝決倫常之網羅, 次衝決天之網羅, 終將衝決佛法之網羅.

* 「인학계설(仁學界說)」

1. 인(仁)은 '통(通)'이 가장 중요한 의미가 되는데, 에테르, 전기(電氣), 심력(心力)과 같은 것은 모두 통하게 도구를 가리킨다.
2. 에테르라든가, 전기와 같은 것은 차원이 낮은 도구로 그 이름들을 빌려 심력을 설명한다.

3. '통'의 의미는 "도(道)는 통하여 하나가 된다"에 의해 가장 잘 표현된다.

4. '통'에는 네 가지의 의미가 있다. 중외통(中外通)은 대부분 그 의미를 『춘추(春秋)』에서 따왔는데, 태평세(太平世)에는 원근(遠近)과 대소(大小)의 나라가 한결같다고 하였기 때문이다. 상하통(上下通)과 남녀내외통(男女內外通)은 대부분 『역경(易經)』에서 따왔는데, 거기에는 음(陽)이 양(陰)에게 낮추면 길(吉)하고 음(陰)이 양(陽)에게 낮추면 인색(吝嗇)하다. 왜냐하면 그것들은 태괘(泰卦)와 비괘(否卦)에 속하기 때문이다. 인아통(人我通)은 대부분 『불경(佛經)』에서 그 의미를 따왔는데, "남의 형상(形象)도 없고 나의 형상도 없음"이기 때문이다.

一. 仁以通爲第一義. 以太也, 電也, 心力也, 皆指出所以通之具. 二. 以太也, 電也, 粗淺之具也, 借其名以質心力. 三. 通之義, 以'道通爲一'爲最渾括. 四. 通有四義; 中外通, 多取其義於『春秋』, 以太平世遠近大小若一故也; 上下通, 男女內外通, 多取其義於『易』, 以陽下陰吉, 陰下陽吝, 泰否之類故也; 人我通, 多取其義於佛經, 以"無人相, 無我相"故也.

25. 인학을 연구하는 모든 사람들은 불교서적으로는 『화엄경』과 심종(心宗, 선종)·상종(相宗, 법상유식종(法相唯識宗))에 관한 서적을 통달해야 하고, 서양서로는 『신약성경』과 수학·자연과학·사회학에 관한 서적을 통달해야 한다. 중국의 경우 『역경』·『춘추공양전(春秋公羊傳)』·『논어』·『예기(禮記)』·『맹자』·『장자(莊子)』·『묵자(墨子)』·『사기(史記)』 그리고 도연명(陶淵明)·주렴계(周濂溪)·장횡거(張橫渠)·육상산(陸象山)·왕부지(王夫之)·황종희(黃宗羲)의 저술에 통달해야 한다.

二十五. 凡爲仁學者, 於佛書當通華嚴及心宗相宗之書, 於西書當通新約及算學格致社會學之書, 於中國當通易春秋公羊傳論語禮記孟子莊子

墨子史記 及陶淵明周茂叔張橫渠陸子王陽明王船山黃梨洲之書.

26. 우리가 수학 지식은 깊지 않아도 되겠지만 기하학을 익히지 않으면 안 된다. 아마 세상의 일을. 의논하고 주관(主管)하는 방식이 여기에 있을 것이기 때문이다.

27. 우리가 자연과학에 대한 정교한 지식은 없어도 되겠지만, 천문학·지리학·생리학·심리학 등 네 가지 학문을 모르면 안 된다. 왜냐하면 여러 교(敎)의 입문(入門)은 이것들로부터 시작하기 때문이다.

二十六. 算學卽不深 而不可不習幾何學, 蓋論事辦事之條段在是矣. 二十七. 格致卽不精, 而不可不知天文地興全體心靈四學, 蓋群學群敎之門徑在是矣.

* 『인학』1장

현상계·허공계·중생계에는 지극히 크거나 미세한 것이 있다. 그것은 꼭 붙어 있지 않은 것이 없고 꿰뚫지 않는 것이 없으며, 연결되는 않는 것이 없이 모든 사물에 가득 찬 하나의 물질이다. 눈으로도 볼 수 없고 귀로도 들을 수 없으며, 입이나 코로 냄새맡거나 맛볼 수 없으니, 이름할 방법이 없다. 그러나 굳이 이름한다면 '에테르'이다. …… 진리의 세계는 이것에서 생겼고 허공은 이것 때문에 세워졌으며 중생은 이것으로부터 나왔다.

『仁學』上篇 1장: 遍法界虛空界衆生界, 有至大至精微, 無所不膠粘不貫洽不筦絡, 而充滿之一物焉, 目不得而色, 耳不得而聲, 口鼻不得而臭味, 無以名之, 名之曰以太 …… 法界由是生, 虛空由是立, 衆生由是出.

땅은 여러 분자가 돌처럼 붙어서 이루어진다. 무엇이 돌처럼 붙게 하는가? '에테르'가 하는 것이다. 어느 분자를 하나의 자그마한 분자로 잘게 부수면 무(無)에 이른다. 그것은 어떤 물질이 응결된 것인가 관찰해보면 오직 '에테르'이다. …… 화장세계[華藏世界, 비로차나불(毘盧遮那佛)의 정토세계(淨土世界)] 이상은 비로소 하나의 근원이 될 수 있는데, 근원의 수(數)는 산술적인 계산으로 헤아릴 수 없다. 왜냐하면 그치는 때가 영원히 없기 때문이다. 그리고 그들은 상호 흡인(吸引)하여 흩어지지 않는데, 이것은 에테르 탓이다.

그 속에서 소리·빛·열·번개·바람·비·구름·이슬·서리·눈이 생기는 까닭도 오직 에테르 때문이다. 더욱 작은 범위로 내려가 잎파리 하나 만큼 작은 것으로부터 눈으로 판별할 수 없는 미세한 티끌에 이르기까지 그 속에는 산·강·동식물이 있지 않은 것이 없다. 예컨대 우리가 밟는 땅은 하나의 소지구(小地球)이다. 한 방울의 물에 이르러서도 그 속에는 수천 수백만의 미생물이 끊이지 않고 번식한다. 더욱 작게 하여 무(無)의 상태에 이르는데 그 속에는 미생물이 있지 않은 것이 없다. 공기 중에 둥둥 떠다니며 존재하는데, 오직 에테르 때문이다. 학자(學者)는 가장 먼저 에테르의 본질과 작용을 인식하고 밝혀야 비로소 인(仁)을 말할 수 있다.

『仁學』 上篇 1장 : 地則衆質點粘砌而成. 何以能粘蒂? 曰惟以太. 任剖某質點一小分, 以至於無, 察其爲何物所凝結, 曰惟以太. …… 華藏世界以上, 始足爲一元. 而元之數, 則算所不能稽, 而終無有已時. 而皆互相吸引不散去, 曰惟以太. 其間之聲光熱電風雨雲露霜雪之所以然, 曰惟以太. 更小之於一葉, 至於目所不能辨之一塵, 其中莫不有山河動植, 如吾所履之地, 爲一小地球. 至於一滴水, 其中莫不有微生物千萬而未已. 更小之又小至於無, 其中莫不有微生物, 浮寄於空氣之中. 曰惟以太. 學者第一當認明以太之體與用, 始可與言仁.

* 『인학』 2장

에테르의 작용 중 지극히 영묘(靈妙)하지만 증명할 수 있는 것은 인체의 경우 뇌이다. 그것은 여섯 구역으로 구분되는데, 대뇌(大腦)·소뇌(小腦)·뇌체(腦蒂)·뇌교(腦橋)·척뇌(脊腦), 그리고 사지(四肢)와 전신(全身)의 피부에 분포된 뇌신경이다. 허공에서는 전기에 해당하지만 전기는 허공에만 붙어 있는 것에 그치지 않는다.

대개 어떤 물질이든 휩싸고 관통하지 않는 것이 없다. 뇌(腦)는 그중 하나로서 전기와 같은 형체와 물질이 있다. 뇌는 형질(形質)이 있는 전기이지만, 이 전기는 반드시 형질이 없는 뇌임에 틀림없다. 우리는 뇌신경이 오관(五官)과 모든 뼈를 통하여 한 몸이 되는 것을 알았으니, 곧 전기는 천지만물과 남과 나를 통하여 한 몸을 이루는 것을 알아야 한다.

이 때문에 하나의 생각이 표출될 때, 정성스러운지의 여부를 열 사람의 손과 눈으로도 엄중히 판단할 수 있고 한 마디를 말할 때 선한지의 여부를 천리 밖 사람들도 알아차리는 것이다. 어떠한 사실은 미세한 것보다 밝히 드러나는 것이 없기 때문에 얼굴의 표현을 미루어 품고 있는 생각을 알 수 있고, 숨기는 것보다 드러나는 것이 없으니 그윽히 홀로 있는 것은 공개석상에 있는 것과 같다.

『仁學』上篇 2장: 以太之用之至靈而可徵者, 於人身爲腦. 其別有六: 曰大腦, 曰小腦, 曰腦蒂, 曰腦橋, 曰脊腦, 其分佈於四肢及周身之皮膚曰腦氣筋. 於虛空則爲電, 而電不止寄於虛空. 蓋無物不彌綸貫徹. 腦其一端, 電之有形質者也. 腦爲有形質之電, 是電必爲無形質之腦. 人知腦氣筋通五官百骸爲一身, 卽當知電氣通天地萬物人我爲一身也. 是故發一念, 誠不誠, 十手十目嚴之; 出一言, 善不善, 千里之外應之. 莫顯乎微, 容色可徵意思; 莫見乎隱, 幽獨卽是大廷.

나의 심력으로 남이 나와 같은 생각을 하도록 감동시킬 수 있다. 그러므로 관념이 시작되는 원인으로부터 곧 대하는 사람의 품격의 높낮이를 아는 것이다. 상대와 나는 본래 격리된 것이 아니니, 폐와 간 같은 내면에 품고 있는 것까지도 이 때문에 보는 것과 같다. 배우는 사람은 또 전기는 인간의 뇌이고 어디 간들 전기 아닌 것이 없으니, 어디 간들 나 아닌 것이 없고, 망령되게 상대방과 나를 구분하는 일이 있다면, 그때가 곧 불인(不仁)의 상태임을 명확하게 인식해야 한다. 비록 그렇더라도 전기와 뇌는 에테르가 한 부분에 나타나는 것과 같은데, 에테르에 이르러서는 차별 두는 일을 더욱 용납하지 않으며 전기와 뇌라는 이름조차도 존재하지 않는다.

『仁學』上篇 2장: 我之心力, 能感人使與我同念, 故自觀念之所由始, 卽知所對者品詣之高卑. 彼己本來不隔, 肺肝所以如見. 學者又當認明 電氣卽腦, 無往非電, 卽無往非我, 妄有彼我之辨, 時乃不仁. 雖然, 電 與腦猶以太之表著於一端者也; 至於以太, 尤不容有差別, 而電與腦之 名亦不立.

* 『인학』 3장

저 인(仁)은 어떤 것일까, 시험한다면 에테르 속에 우리의 몸을 투영하여 증명할 수 있다. 어떤 물질이 갑자기 우리의 몸과 서로 접촉할 때 우리는 건드리는 것을 알게 되고, 무겁게 누르면 가렵거나 아픈 것을 알게 된다. 무엇이 알게 할까? 뇌가 그것을 알린다. 접촉한 것은 본디 손과 발끝이지 뇌가 아닌데, 뇌는 무엇을 통해서 아는가? 뇌를 본질적으로 말한다면 전기와 같은 것이니 신경이 두루 퍼져 있는 것은 곧 전선이 사방으로 퍼진 것과 같아서, 대뇌, 소뇌가 얽혀 연결되어 있는 것은 전선이 모여 에워싼 것과 같다. 일단 자극하는 것이 있으면 전선은 곧 뇌에 신호를 보내어, 접촉하고 있음·가려움·통증을 안다. 그 기능은 지극히 신령스럽고 그 움직임은 매우 빠르다. 다만 병들어 마비되어 감각이 없고 저리면 그 사실을 알지 못하는데, 전선이 이미 끊어져 다시 신호를 보내 뇌에 이르게 할 수 없기 때문이니, 비록 한 몸이기는 하지만 남의 땅처럼 기능한다. 그러므로 의학자들은 마비되고 저린 것을 불인(不仁)하다고 한다.

『仁學』上篇 3장: 若夫仁, 試卽以太中提出一身而驗之: 有物驟而與吾身相切, 吾知爲觸; 重焉, 吾知爲癢爲痛. 孰知之? 腦知之. 所切固手足之末, 非腦也, 腦何由知之? 夫固言腦卽電矣, 則腦氣筋之周布卽電線之四達, 大腦小腦之盤結卽電線之總匯. 一有所切, 電線卽傳信於腦, 而知爲觸、爲癢、爲痛. 其機極靈, 其行極速. 惟病麻木痿痺, 則不知之, 由電線已摧壞, 不復能傳信至腦, 雖一身如異域然, 故醫家謂麻木痿痺爲不仁.

불인하면 한 몸이지만 남의 땅과 같이 기능하고, 인하면 반드시 남의 땅도 한 몸처럼 기능한다. 남의 땅이 한 몸처럼 기능한다고 해서 인(仁)의 역량을 반드시 다하는 것은 아닌데, 하물며 본래 한 몸인 경우는 어떻겠는가? 한 몸이 남의 땅처럼 기능하는 이러한 경우는 지극히 기이한 것으로 늘 있는 것은 아니나, 사람들이 그것을 괴이하게 여기지 않는 일이 없다. 유독 에테르와 같은 무형(無形)의 뇌신경이 천지만물과 남과 나를 통하게 하여 한 몸이 되게 하는데도, 망령되이 상대방과 나를 구분하고 망령되게 경계를 보이고, 단지 자기의 이익만 추구하여 다른 사람의 아프거나 죽고 사는 일 따위는 거들떠보지도 않고 홀연히 마음에 기뻐하거나 측은해하는 신경을 쓰지 않는다. 도리어 제멋대로 꺼리거나 잘라먹거나 깨물거나 죽이면서도 괴이하게 생각하지 않으니, 더이상 괴이할 게 없다. 이런 사실들을 돌이켜 볼 줄 알면, 인(仁)의 본질을 이해할 수 있다.

『仁學』上篇 3장 : 不仁則一身如異域, 是仁必異域如一身. 異域如一身, 猶不敢必盡仁之量, 況本爲一身哉! 一身如異域, 此至奇不恒有, 人莫不怪之. 獨至無形之腦氣筋如以太者, 通天地之萬物人我爲一身, 而妄分彼此, 妄見畛域, 但求利己, 不恤其他, 疾痛生死, 忽不加喜戚於心, 反從而忌之, 蝕之, 齬齕之‧屠殺之, 而人不以爲怪, 不更怪乎! 反而觀之, 可識仁體.

*『인학』 4장

근원은 인(仁)이다. 형(亨)은 통(通)이다. 진실로 인(仁)하면, 저절로 통하지 않음이 없다. …… 저 인은 에테르의 작용으로, 천지만물은 그로부터 생기고, 그로부터 통하는 것이다.

『仁學』上篇 4장 : 元, 仁也. 亨, 通也. 苟仁, 自無不通. …… 夫仁, 以太之用, 而天地萬物由之以生, 由之以通.

*『인학』 6장

예(禮)라는 것은 이미 지나간 발자취를 따라서 이름 붙인 것이다. '이것이' 예(禮)로 굳어버린 뒤에 이르러서는 이미 그것은 말단(末端)이다. 그것은 모두 인(仁)이냐 불인(不仁)이냐에서 구분된다. 그러므로 "천지 간에 인(仁)일 뿐이다"라고 한다.

『仁學』上篇 6장: 禮者, 卽其旣行之跡, 從而名之. 至於禮, 抑末矣, 其
辨皆於仁不仁. 故曰: 天地間亦仁而已矣.

* 『인학』 9장

살아 있는 것을 일컬어 성(性)이라 하는 것, 이것이 성이고, 형색(形
色, 육체적 측면)이 천성이라 하는 것, 이것이 성이며, 성은 선하다는 것,
이것이 성이고 성은 비존재[無]라 하는 것, 이것 또한 성이다.

『仁學』上篇 9장: 生之謂性, 性也. 形色天性, 性也. 性善, 性也. 性無,
亦性也.

성이 없는데 왜 선한가? 선이 없는 것, 이것이 선의 근거이다. 선이
없어야 성도 없고, 성이 없어야 이에 선이라 할 수 있다. 선하면 성이
라는 이름이 참으로 세워질 수 있다. 성이라는 이름을 이미 정해놓고
논하건대 성은 에테르의 한 작용이다. 에테르는 서로 이루어주고 서
로 사랑하는 능력을 갖는다. 그러므로 "성은 선하다"고 하는 것이다.

『仁學』上篇 9장: 無性何以善? 無善, 所以善也. 有無善然後有無性,
有無性斯可謂之善也. 善則性之名固可以立. 就性名之已立而論之, 性一
以太之用, 以太有相成相愛之能力, 故曰性善也.

성은 선한데 어찌하여 정(情)에 악이 있는 것인가? 그것은, 정에 악
이 있는 것이 아니고, 덩달아 그렇게 이름 붙였을 따름인 것이다. 악
이라고 불리는 것 중 더 이상할 것이 없는 '악의' 극치는 음행(淫行)과

살인이다. 음행은 진실로 악이지만, 부부 사이에서만 행해진다면 음행도 또한 선이요, 살인은 진실로 악이지만, 살인자를 죽이는 데만 국한한다면 살인도 또한 선이다. 예(禮)는 음식에서 시작되었는데, 몸을 망치면서까지 탐욕 부리게 되는 것도 바로 이 음식이지만 그렇다고 이것을 경계한다고 음식을 폐기처분한다는 말은 듣지 못하였다. 그렇다면 음식에 불선(不善)은 없는 것이다.

『仁學』上篇 9장: 性善, 何以情有惡? 曰情豈有惡哉? 從而爲之名耳. 所謂惡, 至於淫殺而止矣. 淫固惡, 而僅行於夫婦, 淫亦善也. 殺固惡, 而僅殺殺人者, 殺亦善也. 禮起於飮食, 而以之沈湎而饕餮者, 卽此飮食也; 不聞懲此而廢飮食, 則飮食無不善也.

악이라는 것은 선의 조리(條理)를 따르지 않음을 이름한 것이다. 선을 악용하는 사람들의 잘못이지 선 밖에 악이라는 것이 따로 있겠는가? 단지 그 쓰이는 경우만 보고 '악'이라 이름할 수 있다면 쓰임은 어디에서 나오는가? 쓰되 누가 쓰는가? 왜 정(情)은 악이라 할 수 있는데 본성도 또한 왜 악이라 말할 수 없는가? 본성이 선하다고 한다면 정도 선하다. 생(生)과 형색도 또한 선하지 아니함이 없다. 그러므로 나는 "모든 것이 성(性)이다"라고 말한다.

『仁學』上篇 9장: 惡者, 卽其不循善之條理而名之. 用善者過也, 而豈善外別有所謂惡哉? 若第觀其用, 而可名之曰'惡', 則用自何出? 用爲誰用? 豈惟情可言惡, 性亦何不可言惡? 言性善, 斯情亦善, 生與形色, 又何莫非善? 故曰, 皆性也.

백성은 재화(財貨)로 사는데, 그 탐욕을 부려 강탈하는 것이 이 재화 때문이라고 해서 이런 일을 경계하느라 재화를 제거했다는 얘기를 듣지 못하였으니 재화에 불선(不善)이 없는 것이다. 망령되이 기뻐하거나 노여워하는 함을 불선이라 하지만, 7정에는 희(喜)·노(怒)가 없을 수 없다. 단지 부당한 경우에만 비판할 수 있을 뿐, 기뻐하거나 노여워함이 악은 아니다. 갑자기 춥거나 더운 것을 불선(不善)이라 하나 사계절은 추위와 더위가 없을 수 없으니, 단지 그 계절의 순서를 따르지 않는 경우 외에는 추위와 더위가 악은 아니다. '악하다고 하는 것은' 모두 조리가 있는데도 따르지 않음을 말한다. 그러므로 "천지간에는 인(仁)뿐이지 이른바 악이라 할 것은 없다"고 말하는 것이다.

『仁學』上篇 9장: 民生於貨財, 而以之貪黷而劫奪者, 卽此貨財也; 不聞戒此而去貨財, 則貨財無不善也. 妄喜妄怒, 謂之不善, 然七情不能無喜怒, 特不當其可耳, 非喜怒惡也. 忽寒忽暑, 謂之不善, 然四時不能無寒暑, 特不順其序耳, 非寒暑惡也. 皆旣有條理, 而不循條理之謂也. 故曰, 天地間仁而已矣, 無所謂惡也.

세간의 보잘것 없는 유학자들이 "천리는 선하고 인욕은 악하다"고 하는데, 인욕이 없는데도 오히려 어떻게 천리가 있을 수 있는가를 모르는 것이다. 나는 그러므로 세상 사람들이 망령되게 분별(分別)을 만드는 일을 한탄한다. 천리가 선하다면, 인욕도 선한 것이다. 왕선산(王船山)은 "천리는 인욕에 있다. 인욕이 없으면, 천리도 결코 드러날 방법이 없다"고 말하였다.

『仁學』上篇 9장: 世俗小儒, 以天理爲善, 以人欲爲惡, 不知無人欲, 尙安得有天理, 吾故悲夫世之妄生分別也. 天理善也, 人欲亦善也. 王船山有言曰 '天理卽在人欲之中; 無人欲 則天理亦無從發見.

* 『인학』 10장

 저 남녀의 차이는 다른 것이 아니다. 암수의 지극히 자그마한 차이
만 있을 뿐이다. 그들은 모두 같은 인간들이다. 오늘날 그것을 닫아
두고 감시하고 격리시켜 희한한 물건인 양, 원수인 양 생각하니, 이
것은 몇 치 안 되는 암수의 차이를 중시하여 사람의 눈앞에 들어보여
귀하면서 아낄 만한 것으로 인식하게 함으로써 성적 행위를 동경하
게 할 뿐이다. 그렇게 될 때 우연히 단지 서로 보지 못하다가 하루
아침에 잠깐 보기만 해도 그들 심장은 반드시 두근거려 멈출 줄을 모
를 것이다. 한 예로 방포(方苞)는 상중(喪中)에 부인을 만나자 마음이
뒤숭숭했다 한다.

 『仁學』上篇 10장 : 夫男女之異, 非有他, 在牝牡數寸間耳, 猶夫人之
類也. 今錮之, 嚴之, 隔絶之, 若鬼物, 若仇讐, 是重視此數寸之牝牡, 翹
之以示人, 使知可貴可愛, 以豔羨乎淫, 然則特偶不相見而已. 一旦瞥見,
其心必大動不可止, 一若方苞之居喪 見妻而心亂.

 단지 성적 대상으로 사람을 대하니, 그 스스로마저도 단지 하나의
성적 대상으로 여길 것이니, 다시 어떻게 응큼하지 않을 수 있겠는가?
따라서 남자를 중요시하고 여자를 가벼이 여기는 것은 지극히 난폭하
고 무례한 관습이다.

 『仁學』上篇 10장 : 直以淫具待人, 其自待亦一淫具矣. 復何爲不淫哉!
故重男輕女者, 至暴亂無禮之法也.

 사람을 죽이는 것은 사욕(私慾)을 채워 욕망을 발산하기 위해서인데,
이런 살념(殺念)이야말로 음념(淫念)이다. 간음하는 사람은 여자가 원망

하다가 고통에 빠지고 기괴하게 부르르 떠는 일을 자기의 쾌락으로 삼는다. 이때 음념은 살념이다. 똑같은 여색(女色)이건만 시퍼렇게 어린 처녀를 세상 사람들이 더욱 좋아하니, 상대가 아픔에 피를 흘리고 슬피 울고 나서야 속이 시원해하려는 것이 아니겠는가?

『仁學』上篇 10장: 殺人者, 將以快己之私, 而洩己之欲, 是殺念卽淫念也. 淫人者, 將以人之宛轉痛楚, 奇癢殊顫 而爲己之至樂, 是淫念卽殺念也. 同一女色, 而髫齡室女, 尤流俗所涎慕, 非欲創之至流血哀啼而後快耶?

* 『인학』 17장

대대(對待)는 피차(彼此)의 구별에서 생기고 피차의 구별은 나를 의식하는 데서 생긴다. 나는 한 사람이로되, 나를 대하는 사람이 남이면 둘이 된다. 남과 내가 사귀면 셋이 된다. 이것저것 늘어놓고 뒤섞으면 아침에는 셋이었다가 저녁에는 넷이거나, 아침에는 넷이었다가 저녁에는 셋이 되어 이름과 실질은 미처 어그러지지 않더라도 사랑과 증오는 그로 말미암아 생기는 것이다.

이 때문에 대소(大小)·다과(多寡)·장단(長短)·오램과 잠시와 같은 모든 대대의 이름과 대대의 분별은 혼란스럽게 싸운다. 그 속임과 스스로 속이는 일은 그 때문에 해소될 수 없을 것이다.

『仁學』上篇 17장: 對待生於彼此, 彼此生於有我. 我爲一, 對我者爲人則生二, 人我之交則生三. 參之伍之, 錯之綜之, 朝三而暮四, 朝四而暮三, 名實未虧, 而愛惡因之. 由是大小多寡, 長短久暫, 一切對待之名, 一切對待之分別, 歘然閧然, 其瞞也, 其自瞞也, 不可以解矣.

* 『인학』 18장

덕(德)이 새로워져야 함을 세상 사람들도 다 알고 있을 것인데, 유독 무엇 때문에 지금 세상에 이르러 아직도 수구(守舊)의 졸렬한 유학자들이 있는가? 성을 내며, "변법은 부당하다"고 하는 것은 무엇 때문인가?

이것은 장차 그들의 무기력·해이함·게으름·겁과 같은 사심(私心)에 의하여 우주의 창조를 막고 지구의 운행을 막으며 일월(日月)의 광명을 가리고 사계절의 변화를 어지럽게 하여 한결같이 온갖 생산물과 모든 영혼의 성장을 막고 망학(亡學)·망정(亡政)·망교(亡敎)를 살펴보지도 않으며 '불생불멸(不生不滅)'에 거슬리는 것이다. 비록 그렇다 하더라도 저들의 힘으로 더이상 어찌 이렇게 말할 수 있는가?

바야흐로 창조하는 조화(造化)의 생기(生機)를 스스로 끊고 매우 불인(不仁)한 일에 말려들지 말아야 할 것인데, 마침내 극도로 구태의연한 폐단의 찌꺼기와 신령스럽지 못한 물건만을 만들 뿐이다. 곧 저들은 남에게 자랑이라도 하듯 "옛것의 애호"를 이야기하는데 이것은 더욱 잘못이다.

『仁學』上篇 18장: 德之宜新也, 世容知之; 獨何以居今之世, 猶有守舊之鄙生, 斷斷然曰不當變法, 何哉? 是將挾其繭敝惰怯之私, 而窒天之生, 而尼地之運行, 而蔽日月之光明, 而亂四時之迭更, 而一彌百産萬靈之芸芸, 不恤亡學亡政亡敎, 以拗戾乎不生不滅者也. 雖然, 彼之力又何足以云爾哉? 毋亦自斷其方生之化機. 而與於不仁之甚, 則終成爲極舊極敝一殘朽不靈之廢物而已矣! 乃彼方詡於人曰好古者, 是又大惑也已.

옛것인데도 좋다면 무엇으로 지금의 사람이라 단정할 수 있겠는가? 글을 읽는 과정에 중요한 것은 그 정수(精髓)를 얻어 미처 이르지

못한 것을 보충하는 데 있다. …… 아무개는 "의미상으로 볼 때 고(古)
자를 따르면 모두 좋은 뜻이 못 된다. 초(艸)를 따 붙이면 고통(苦)이
되고 목(木)을 따 붙이면 말라죽음(枯)이다. 초(艸)와 목(木)을 따 붙이
면 물건의 추잡함(楛)이다. …… 수(水)를 따 붙이면 시장에서 산 술
(沽)[1]이니 공자도 마시지 않았다. 여(女)를 따 붙이면 일시적인 눈 앞
의 편안을 추구하는 천한 사람을 의미한다. 나는 고(古)를 좋아하는
사람이 무엇을 버리고 무엇을 따르는지 모르겠다"고 하였다. 유럽과
미국 두 대륙은 새로워지는 것을 좋아하여 발전하였고, 일본은 그것
을 본받아 옷과 음식의 습관까지 변화하기에 이르렀다. 아시아, 아프
리카, 그리고 오스트레일리아 세 대륙은 옛것을 좋아하다 망하였다.

『仁學』上篇, 18장 : 古而可好, 又何必爲今之人哉? 所貴乎讀書者, 在
得其精意以充其所未逮焉耳 ; …… 〇〇〇曰 "於文從古, 皆非佳義. 從
艸則苦, 從木則枯, 從艸木則楛, …… 從水爲沽, 孔子所不食也. 從女爲
姑, 姑息之謂細人. 吾不知好古者何去何從也." 歐美二洲, 以好新而興 ;
日本效之, 至變其衣食嗜好. 亞非澳三洲, 以好古而亡.

천(天)이 새로워지지 않으면, 무엇으로 창조하는가? 지(地)가 새로워
지지 않으면 무엇으로 운행하는가? 일월(日月)이 새로워지지 않으면,
무엇으로써 빛나겠는가? …… 에테르가 새로워지지 않으면, 3계(三界,
욕계(欲界)·색계(色界)·무색계(無色界))의 온갖 법칙은 모두 소멸할 것이다.

『仁學』上篇 18장 : 天不新, 何以生? 地不新, 何以運行? 日月不新, 何
以光明? …… 以太不新, 三界萬法皆滅矣.

---

1 『論語』「鄕黨」: 沽酒市脯, 不食.

* 『인학』 19장

『역(易)』에서 음(陰)을 억제하고 양(陽)을 추켜세우는데, '그것은' 곧 유정(柔靜)과 강동(剛動)의 관계와는 다르다. 천하를 잘 다스리는 일에도 역시 이 도(道)를 어찌 말미암지 않겠는가? 새롭게 하고 개혁하며, 먼저 모범을 보여 힘을 내도록 하며, 일어나 나라를 번영시키며, 못쓰게 된 것은 회복시키고, 썩은 것은 바꾸는 것이다. 배불리 먹고 따뜻하게 입어 편안히 산다면, 짐승으로 퇴보하는 것을 두려워할 것이다. 이이[李耳, 노자(老子)]와 같은 사람이 나와 정(靜)을 말하여 동(動)을 경계하고, 유약(柔弱)을 말하여 강(剛)을 비난한 것을 언제 알았던가?

『仁學』上篇 19장 : 『易』抑陰而扶陽, 則柔靜之與剛動異也. 夫善治天下者, 亦豈不由斯道矣! 夫鼎之革之, 先之勞之, 作之興之, 廢者擧之, 敝者易之, 飽食煖衣而逸居, 則懼其淪於禽獸. 烏知乎有李耳者出, 言靜而戒動, 言柔而毀剛.

왕선산(王船山: 왕부지)은 『역경(易經)』에 조예가 있었다. 뇌(雷)를 포함하고 있는 괘[卦: 진괘(震卦)]에 대하여는 그 설명이 필경 더욱 정교하고, 분명하며 더욱 정치(精緻)하다. …… 움직임[動]으로부터 시작하지 않는 것이 없다. "천행(天行: 자연의 운행)은 건강하다"는 것은 스스로 움직임이며, "하늘은 만물을 고동한다"는 것은 만물을 움직이게 두드린다는 것이다. 결실을 맺게 도와주는 것은 하늘의 운동을 받듦이다. 군자의 학문은 그 운동을 항상 지속되게 함이다. 길흉회인(吉凶悔吝)의 경계(境界)는 운동을 바르게 함이다. 땅이 움직이지 않는다고 하는 것은 천문(天文)의 학(學)을 모르는 것이다.

『仁學』上篇 19장 : 王船山邃於易, 於有雷之卦, 說必加精, 明而益微.

…… 罔不由於動. 天行健, 自動也. 天鼓萬物, 鼓其動也. 輔相裁成, 奉天動也. 君子之學, 恒其動也. 吉凶悔吝, 貞夫動也. 謂地不動, 昧於曆算者也.

일신(日新)은 어디에서 근원하는가? 에테르의 생동의 기틀일 뿐이다. 유독 저 우레를 보지 못하는가? 허공은 훤히 트이고 아득해서 도대체 아무것도 없지만 비구름이 갑자기 서로 만나면 음[−]전기와 양[+]전기를 품는데, 두 전기에는 긍정과 부정이 있다. 긍정과 부정은 다른 것도 있고 같은 것도 있다. 다르면 서로 공격하고 같으면 서로 수용하여 산이 무너지는 듯한 우렁찬 소리를 낸다. 온 천지는 그것 때문에 번쩍이고 산천(山川)은 그것 때문에 흔들려, 집에 있는 사람도 깜짝 놀라고 지나가는 사람도 놀라 넘어지며, 나약한 사람과 어린이는 귀를 막고 한참 동안 불안해할 것이니 아주 고약하다 할 수 있다. 그러나 그 다음에는 단비로 이어지고 서늘한 바람을 몰고 오며 안개가 걷히고 하늘은 훤해진다. '먼지 섞인' 안개는 걷히고 공기는 신선해진다.

『仁學』上篇 19장: 日新烏乎本? 曰以太之動機而已矣. 獨不見夫雷乎? 虛空洞杳, 都無一物, 忽有雲雨相値, 則含兩電, 兩則有正有負, 正負則有異有同, 異則相攻, 同則相取, 而奔崩轟石訇發焉. 宇宙爲之掀鼓, 山川爲之戰撼, 居者愕目台, 行者道仆, 懦夫孺子, 掩耳而良久不怡, 夫亦可謂暴矣. 然而繼之以甘雨, 扇之以和風, 霧豁天醒 霾斂氣蘇.

*『인학』 20장

노자의 처세술이 중국을 혼란한 지경에 빠뜨린 것이 유정(柔靜)이라는 그의 가르침이었다는 점은 쉽게 알 수 있는 것이다. 그런데 만일 힘이 충분히 지구상 모든 생물을 죽이고, 천(天)·지(地)·귀신(鬼神)이 모두 불인(不仁)에 빠지게 하여 버렸는데도, 끝내 한 사람도 그 잘못을 조금도 알아차릴 수 없는 것은 검(儉)이다.

儉은 사람 人변을 따르고 음(音)이 첨(僉)이니, 무릇 검(儉)은 다 첨인(僉人, 쩨쩨한 사람)이다. 게다가 검소와 사치의 관계에 있어, 나는 과연 무엇을 근거로 하여 비교할 수 있고 등급과 차례에 차이를 두어 '아무개는 사치스럽고 아무개는 검소하다'고 이름을 붙일 수 있는지 모르겠다. 만약 지금 날마다 1,000금을 쓴다면, 세상 사람이 말하는 사치스럽다는 것일 것이지만, 2배·5배를 쓰는 사람도 있을 것이며, 10배·100배·1,000만배를 쓰는 사람도 있을 것이다.

『仁學』上篇 20장: 李耳之術亂中國也, 柔靜其易知矣. 若夫力足以殺盡地球含生之類, 胥天地鬼神之淪陷於不仁, 而卒無一人能少知其非者, 則曰'儉', 儉從人, 僉聲. 凡儉皆僉人也. 且夫儉之與奢也, 吾又不知果何所據而得其比較, 差其等第, 以定厥名, 曰'某爲奢, 某爲儉'也. 今使日用千金, 俗所謂奢矣, 然而有倍蓰者焉, 有什伯千萬者焉.

세상 사람들이 하루에 100전을 쓰면 검소하다고 하나, 수입이 100전에 못미치는 경우에는 검소하다 이름하지 않고 사치스럽다고 한다. 그 총명·재주·힘으로서는 겨우 여기에만 미칠 수 있기 때문이다. 넘치면 쏟아내고 부족할 때는 거둬들이듯, 이 검소라는 것도 스스로 자연적인 절도가 있는 법이니 그것은 특별히 숭상할 필요가 없다.

『仁學』上篇 20장: 俗以日用百錢爲儉, 使入不逮百錢, 則不名之儉而名之奢, 以其聰明才力僅足以及此也. 溢則傾之, 歉而納焉, 是儉自有天然之度, 無待崇也.

＊『인학』 23장

재물 균형의 문제는 외국에까지 확대된다. 서로 고르게 분배하지 않으면 평균을 유지했다고 할 수 없다. '통상의 의미'는 이것과 관련하여 생기는 것이다. 서양 사람들은 처음에는 이 원리를 이해하지 못하여 통상이 나라를 황폐케 한다고 생각함으로써, 그 노른자위를 잘라가 버리면 수척하게 말라 죽을 것이라 두려워하였다.

이 때문에 이른바 보호관세라는 제도를 두어, 외국인의 상품에는 무겁게 세금을 매겨 암암리에 그 반입을 막았다. …… 그럴 때 외국의 상품을 수입하여 부족분을 보충하는 방법이 있는데, 우리의 재외(在外) 창고가 되어 해마다 그 토산품을 공물(貢物)로 제공받을 뿐만 아니라 땅을 개척하는 수고와 낭비를 덜 수 있다. 자연이 준 큰 이점치고 이보다 편리한 것은 없다. 그러므로 통상은 서로에게 혜택을 주는 방법으로, 양쪽이 이익을 보는 수단이다. 상대방에게도 참으로 이롭고 이쪽에도 또한 이롭다.

『仁學』上篇 23장 : 夫財均矣, 有外國焉, 不互相均, 不足言均也. 通商之義, 緣斯起焉. 西人初亦未達此故, 以謂通商足以墟人之國, 恐刮取其脂膏以去, 則柴立而斃也, 於是有所謂保護稅者, 重稅外人之貨, 以陰拓其來. …… 則幸而有外國之貨物輸入而彌縫之, 不啻爲吾之外府, 而歲效其土貢, 且又無闢地之勞費. 自然之大利, 無便於此者. 故通商者, 相仁之道也, 兩利之道也, 客固利, 主尤利也.

서양 사람들이 중국에서 장사하는 것은, 그들의 상품을 가지고 우리에게 혜택을 주고, 역시 우리의 물품을 사감으로써 자기들을 이롭게 하고자 하는 것이다. 그렇게 되면 '무역 대금'으로 바꾼 금은을 다시 들고 가지 않을 것이다. 그러나 그들이 금은을 들고 가게 되는 것은, 누군가 우리의 수공품이 발전하지 못하고 상업이 소홀하게 되어 상품이 그들이 원하는 대로 따라갈 수 없도록 만들기 때문일 것이다. 가령 중국이 오래도록 이렇게 뒤처져 공업기술도, 상업도, 상품도 없을 때일지라도, 또 통상을 통한 거대한 이익을 보지 않을 때가 없을 것이다. 우리가 아직 제조업에 능숙하지 못하기 때문에, 다른 나라의 공급에 더욱 의존하지 않을 수 없다. …… 어떤 사람은 금은이 곧 상품일 때 금은이 고갈되면 상품도 사라진다고 생각할지도 모른다. 이런 경우는 광산이 없는 나라라면 그렇다고 말할 수 있다. 중국의 광물은 세계에서 가장 풍부하다. 그 누가 팔뚝을 당기고 손가락을 비틀어 사람들이 광물을 채취하도록 하지는 않고, 다만 이미 산출된 얼마되지 않는 것만 믿어서 끝없는 생산을 막겠는가?

『仁學』上篇 23장: 西人商於中國, 以其貨物仁我, 亦欲購我之貨物以仁彼也. 則所易之金銀, 將不復持去, 然輒持去者, 誰令我之工藝不興, 商賈不恤, 而貨物不與匹敵乎? 卽令中國長此黮黮, 無工藝, 無商賈, 無貨物, 又未嘗不益蒙通商之厚利也. …… 或以爲金銀卽貨物, 金銀竭, 貨物亦亡. 是無礦之國, 則可云爾矣. 中國之礦, 富甲地球, 夫誰掣其月寸, 攔其指, 不使其民採之取之, 而僅恃已出之支流, 以塞無窮之漏巵乎?

또한 남들이 우리에게 혜택을 주는 것을 끊기에 앞서 이미 우리 스스로에게 혜택을 베풀지 못하는 꼴이 되고 말았다. 통상을 끊는 것이 여의치 않자 또다시 세금을 무겁게 매겨 그것을 끊고자 한다. 세금은 참으로 무겁게 매길 수가 있겠지만 한갓 무거운 세금만으로 어떻게 통상을 끊을 수 있겠는가? 영국인들은 밀의 반입(搬入)에 무거운 세금을 부과한 적이 있는데, 마침내 크게 곤란을 받게 되자 갑자기 세금을 없앴다. 무거운 세금만으로는 국민의 필요에 기여하지 못하였

던 것이다. 그러므로 교역과 관세로써 남의 나라를 망하게 한다는 것
은 모두 다 서양 사람들의 옛 이론이다.

『仁學』上篇 23장: 且絶人之仁於我, 先卽自不仁於我矣. 絶之不得,
又欲重稅以絶之. 稅固有可重者, 徒重稅亦烏能絶之哉? 英人嘗重稅麥
入矣, 卒以大困, 旋去其稅, 惟重稅其不切民用者. 故凡謂以商務稅務取
人之國, 皆西人之舊學也.

지금의 오초(吳楚, 양쯔강 하류 지역)는 오랑캐 지역으로 하남(河南), 산
동(山東)에서 볼 때 엄연히 하나의 외국이었다. 문득 양쯔강을 경계로
하여 지킨다면, 남쪽에서는 북쪽에 이르지 못하고 북쪽에서는 남쪽에
이르지 못하여, 일상생활에 필요한 음식물을 각기 그 땅에서만 얻어
야 하고 한 번도 왕래하지 못하였을 것이다.

『仁學』上篇 23장: 今之吳楚, 古之蠻夷也, 自河南山東視之, 儼然一
中外也. 驟使畫江而守, 南不至北, 北不至南, 日用飮食, 各取於其地, 不
一往來焉.

바라건대 저들이 우리에게 혜택을 줄 때 우리도 인혜(仁惠)롭게 대
할 것이다. 남에게 혜택을 줄 수 있어야, 이에 상품은 고루 공급되어
우리도 궁핍에 허덕이지 않을 것이다. 다음으로 중요한 정책은 우리
의 힘이 저들에게 혜택을 베풀 수 없으므로 먼저 우리 스스로를 인혜
롭게 하는 방법을 찾는 것이다. 그래야 저들이 우리에게 베푸는 혜택
을 줄일 수 있다. …… 인(仁)이라는 것은 남과 내가 통하는 것을 일컫
는 것이다. 통상(通商)은 서로 소통하는 하나의 실마리에 지나지 않는
데도 그 잘잘못은 이와 같이 명백하게 비교되는 것이다. 그러므로 서

로 통하는 것보다 인(仁)한 것은 없고 통하지 않는 것보다 불인(不仁)한 것도 없다.

『仁學』上篇 23장 : 庶彼仁我, 而我亦有以仁彼. 能仁人, 斯財均, 而己亦不困矣. 次之, 力卽不足仁彼, 而先求自仁, 亦省彼之仁我. …… 夫仁者, 通人我之謂也. 通商僅通之一端, 其得失已較然明自若此. 故莫仁於通, 莫不仁於不通.

* 『인학』 25장

미생멸(微生滅)은 어디서 시작하는가? 이것은 말하기 어렵다. …… 아주 작고 매우 복잡하여 어떻게 이것을 설명할 수 있을까? 비록 그렇더라도 천지만물의 시작을 시험삼아 말하여 보자. …… 천지만물의 시작은 한 거품일 뿐이다. 거품은 수많은 거품으로 나뉘는데, 용광로의 쇳물과 같다. 바람을 따라 문득 변화하더니 마침내 원통 모양을 형성한다. 날마다 거듭하여 두 쪽으로 나뉘더니 마침내 이 지구가 탄생하였다. 지구는 차가운 것과 접촉할 때 수축하고, 수축함에 따라 건조된다. 수축하는 것은 속도가 고르지 않고 들쑥날쑥한 모습은 대추처럼 햇빛에 마른 과일 껍데기 같다. 어떤 것은 무늬가 있는데, 무늬에는 원리가 있어 산과 강 같다. 수축은 빠르나 건조가 느리면 넘쳐 홍수가 되고, 건조되어 더욱 수축할 때 물은 비로소 저지대로 흘러간다. 습지의 증기가 뜨거울 때 잡초는 싹트고 곤충은 꿈틀거린다. 박테리아와 같은 미생물이 출현하고 달팽이·조개·뱀·거북 등은 점차 짐승의 모습을 갖춘다. 짐승이 원숭이가 되었을 때 10 중 7, 8은 사람을 닮았다. 사람의 지혜는 나중 사람이 이전 사람보다 낫다.

『仁學』上篇 25장: 微生滅烏乎始? 曰: 是難言也! …… 毛道不定, 曷克語此? 雖然, 吾試言天地萬物之始. …… 天地萬物之始, 一泡焉耳. 泡分萬泡, 如鎔金汁, 因風旋轉, 卒成圓體. 日又再分, 遂得此土. 遇冷而縮, 由縮而乾; 縮不齊度, 凸凹其狀, 棗暴果暵, 或乃有紋, 紋亦有理, 如山如河. 縮疾乾遲, 溢爲洚水. 乾更加縮, 水始歸墟. 沮洳鬱蒸, 草蕃蟲蜎, 璧他利亞, 微植微生, 螺蛤蛇龜, 漸具禽形. 禽至猩猿, 得人七八. 人之聰秀, 後亦勝前.

*『인학』 27장

중국은 "지(地)와 천(天)이 통하는 것을 스스로 끊어"[2] 천자(天子)만이 애당초 天에 제사를 지낼 수 있었다. 천자는 이미 일천(一天)을 끼고 온 천하를 압제하는데도, 세상 사람들은 드디어 천자를 엄연한 일천(一天)처럼 바라본다. 비록 온 천하를 보고 해쳐도, 오히려 하늘이 명령한 것이라 여겨 감히 복종하지 않음이 없다. 인민이 이 지경에 이르러 몽매함을 치유하기 어렵게 되었고, 불평등에 이르렀다.

『仁學』上篇 27장: 中國自絶地天通, 惟天子始得祭天. 天子旣挾一天以壓制天下, 天下遂望天子儼然一天, 雖胥天下而殘賊之, 猶以爲天之所命, 不敢不受. 民至此乃愚入膏肓, 至不平等矣.

---

2 이 글은 『書經』 「呂刑」의 "乃命重黎, 絶地天通, 罔有降格"에 보인다.

* 『인학』 28장

그러므로 온 인류가 평화롭게 되는 세상에 관한 대동론(大同論)을 마음껏 펴고 원통(元統)을 이룩할 수 있었다. 이 대동 이념에 의해 다스리는 세상에는 제 아버지만 꼭 아버지로 보살피지 않고 제 자식만 자식으로 여겨 사랑하지 않는다. 아버지와 자식의 관계에 차별도 존재하지 않는데, 또다시 무슨 군신관계가 있겠는가? 모든 독부민적(獨夫民賊)과 같은 한결같이 억압과 속박을 도모하는 의미의 용어는 모두 다 더 이상 존재할 수 없을 것이다.

『仁學』 上篇 28장 : 故得畢伸其大同之說於太平之世而爲元統也. 夫大同之治, 不獨父其父, 不獨子其子. 父子且無, 更何有於君臣? 擧凡獨夫民賊所爲一相箝制束縛之名, 皆無得而加諸.

* 『인학』 29장

아! 사람이 살기 시작한 이래로 송나라 때에 이르러 중국은 곧 참으로 망했다. 하늘 탓인가? 사람 탓인가? …… 서로 계승하고 이어받아 계통(系統)과 유서(由緖)를 이룬 뒤로는 송대 유학자들의 범주를 조금이나마 벗어나 공자 가르침의 훌륭함을 한 번이라도 살펴볼 수 있었던 적이 없었다. 군주도 송대 유학을 극히 존숭하여 '수사(洙泗)의 정전〔正傳, 공자와 맹자의 적통(嫡統)〕'이라 이름하지 않음이 없었으니, 송대 유학자들이 '사덕(私德)과 대리(大利)를 자기들에게만 두었다'고 어찌 말하지 않는가? 슬프고도 슬프다! 민생(民生)의 고통이 끝나는 때가 언제 있었던가? 그러므로 2,000년 동안의 정치는 진(秦)나라 정치로서 모두 대도(大盜)의 그것이었고, 2,000년 동안의 학문은 순자(荀子)의 학문으로 모두 향원(鄕愿)의 그것이었다. 대도는 향원을 이용하였고, 향원은 대도에게 교묘히 아첨하였다. 두 부류는 서로 의존하여 공자를 끌어대지 않는 일이 없었다.

『仁學』上篇 29장 : 嗚呼, 自生民以來, 迄宋而中國乃眞亡矣! 天乎人乎? …… 類皆轉相授受, 自成統緖, 無能稍出宋儒之股下, 而一覰孔教之大者. 其在上者, 亦莫不極崇宋儒, 號爲洙泗之正傳, 意豈不曰宋儒有私德大利於己乎? 悲夫悲夫! 民生之厄, 寧有已時耶! 故當以爲二千年來之政, 秦政也, 皆大盜也. 二千年來之學, 荀學也, 皆鄕愿也. 惟大盜利用鄕愿. 惟鄕愿工眉大盜. 二者相交相資, 而罔不託之於孔.

*『인학』 31장

군주제의 통치원리가 강대하게 되면서 당우(唐虞, 요순시대) 이후로 이렇다 할 만한 정치가 없고, 공자의 가르침이 쇠망한 후 하(夏)·은(殷)·주(周) 3대 이래로 읽을 만한 책이 없다. 그러나 때 낀 책 부스러기에서 귀중본을 분류하고 기왓장과 자갈 더미에서 옥검(玉檢)을 주움으로써, 만에 하나 공자의 가르침에 해당하는 것을 기대한다면 황종희의 『명이대방록(明夷待訪錄)』이 아마 거기에 가까울 것이다. 그 다음으로는 왕선산의 『선산유서(船山遺書)』일 것이다. 모두 군주와 백성의 관계에 대하여 가슴 아파하는 것이 있다. 황종희의 학문은 육상산(陸象山)과 왕양명(王陽明)으로부터 나왔고 육상산과 왕양명의 사상은 장자 계열을 계승한 것이다. 왕선산의 사상은 주렴계와 장횡거로부터 나왔고, 주렴계와 장횡거의 사상 또한 맹자 사상의 흔적을 이은 것이다. 공자의 문류(門流)로부터 한둘 얻은 바가 있다 하더라도 이것은 우연이 아니다.

『仁學』下篇 31장 : 君統盛而唐虞後無可觀之政矣, 孔敎亡而三代下無可讀之書矣! 乃若區玉檢於塵編, 拾火齊於瓦礫, 以冀萬一有當於孔敎者, 則黃梨洲明夷待訪錄, 其庶幾乎! 其次, 爲王船山之遺書. 皆於君民之際, 有隱恫焉. 黃出於陸王, 陸王將纘莊之彷彿. 王出於周張, 周張亦綴孟之墜遺. 輒有一二聞於孔之徒, 非偶然也.

저 황종희나 왕선산과 평판(評判)이 같아 보이나 명분과 실질이 서로 어긋나면서 옳은 것과 잘못된 것을 혼동하고 있는 사람이라면 고염무(顧炎武)이다. 고염무의 학문은 정자(程子)와 주자(朱子)에서 나왔고 정자와 주자의 사상은 순자의 학문의 후예(後裔)이다. 온통 군주제 통치원리뿐이다. 매도할 만한 가치도 없다. 저 군주제 통치원리에 심취하고 빠져들 만한 무슨 깊은 뜻이 있길래, 질질 수천 년 동안 하늘이 베푼 바른 덕과 참된 성품을 바꾸고 옛날의 높은 학문을 바꾸기에 이르며, 몸과 가정을 희생시키고 종족을 죽이게 되어 버렸는데도, 그 재앙에서 벗어날 것을 생각하지 않는가? 아, 어찌 근본으로 돌아가지 않는가?

『仁學』下篇 31장 : 若夫與黃王齊稱, 而名實相反, 得失背馳者, 則爲顧炎武. 顧出於程朱, 程朱則荀學之雲礽也. 君統而已, 豈足罵哉! 夫君統有何幽邃之義, 而可深耽熟玩, 至變易降衷之恒性, 變易隆古之學術, 至殺其身家, 殺其種類, 以宛轉攀戀於數千年之久, 而不思脫其軛耶? 嗚呼, 盍亦反其本矣.

사람이 처음 살던 때에는 본디 이른바 군주와 신하의 구별이 없었으니 모두 평범한 사람들이었다. 사람들은 서로를 다스릴 수 없었고, 다스릴 겨를도 없었다. 이때 여러 사람이 공동으로 한 사람을 군주로 추대하였다. "공동 추대하였다"는 것은 군주가 백성을 선택했다는 것이 아니라 백성이 군주를 선택하였음을 의미한다. "공동 추대하였다"는 것은 그 신분상 간격 또한 일반 백성과 매우 멀지 않았고 백성보다 아래에 위치하지도 않았음을 의미한다. "공동 추대하였다"는 것은 백성이 있기 때문에 군주가 있다는 말이다.

『仁學』下篇 31장: 生民之初, 本無所謂君臣, 則皆民也. 民不能相治, 亦不暇治, 於是共擧一民爲君. 夫曰共擧之, 則非君擇民, 而民擇君也. 夫曰共擧之, 則其分際又非甚遠於民, 而不下儕於民也. 夫曰共擧之, 則因有民而後有君.

옛날의 이른바 충(忠)이라는 것은 실(實)을 말하는 충(忠)이었다. 아랫사람이 윗사람을 섬기는 것은 진실로써 해야 하는 반면, 윗사람이 아랫사람을 대접할 때는 곧 진실로써 하면 안 되는 것인가? 그렇다면 충(忠)이라는 것은 누구에게나 공통적으로 적용되는 말로 교제할 때 다해야 하는 도리이다. 어찌 또다시 신하에게만 뒤집어씌우는 것이겠는가?

공자는 "임금은 임금다워야 하고 신하는 신하다워야 한다"(『論語』「顏淵」)고 말하였고, 또 "아버지는 아버지다워야 하고 자식은 자식다워야 한다. 형은 형다워야 하고 동생은 동생다워야 하며, 지아비는 지아비다워야 하고 지어미는 지어미다워야 한다"(『周易』「家人」象傳)고 하였다. 공자는 불평등한 것을 두지 않았다. 옛 이른바 충(忠)이라는 것은 중심(中心)을 말하는 충(忠)이었다. 우리를 어루만져 주면 임금이요, 우리를 학대하면 원수인 것이다. 사물〔대상, 상대〕을 접해서는 공평하게 베풀어야 하고 마음에는 치우침이 없어야 중(中)이라 할 수 있고 또한 충(忠)이라 할 수 있는 것이다. 군주가 독부민적(獨夫民賊)인데도 오히려 충(忠)을 다하여 그를 섬긴다면 이것은 걸(桀)을 돕는 일이요, 주(紂)

를 돕는 일이다.

『仁學』下篇 31장: 古之所謂忠, 以實之謂忠也. 下之事上當以實, 上之待下乃不當以實乎? 則忠者共辭也, 交盡之道也, 豈又專責之臣下乎? 孔子曰 '君君臣臣' 又曰 '父父子子, 兄兄弟弟, 夫夫婦婦' 敎主未有不平等者. 古之所謂忠, 中心之謂忠也. 撫我則后, 虐我則讐, 應物平施, 心無偏袒, 可謂中矣, 亦可謂忠矣. 君爲獨夫民賊, 而猶以忠事之, 是輔桀也, 是助紂也.

공동 추대하였다면 백성이 있음을 통하여 나중에 군주가 있음이다. 군주는 말단이고 백성은 근본이다. 세상에 말단 때문에 재앙이 근본에 미치는 일은 없다. 그런데도 어찌 군주 때문에 재앙이 백성에 미칠 수 있는가? "공동 추대한다"는 것은 또한 군주를 집단적으로 폐위시킬 수 있음을 반드시 의미한다. 군주라는 것은 백성을 위해 정사(政事)를 도모하는 사람이다. 신하라는 것은 백성을 위한 정사를 돕는 사람이다. 백성으로부터 세금을 걷는 것은 백성을 위한 정사를 도모할 바탕을 마련하는 수단이다.

이와 같은 것인데도 정사를 여전히 실행에 옮기지 않았을 때, 정사를 주관하지 않았음으로 그 사람을 바꾸는 것 또한 세상의 일반적 원칙이었다. 살펴보건대, 저 고을의 제례(祭禮)에는 반드시 한 우두머리를 뽑아 추대하고는 제례의 전반적인 일을 관장하게 하여 사람을 임용하고 재물을 다루는 권한을 모두 그에게 예속시켰다. 그러다가 우두머리가 우두머리이기에 부족하면 바꾸었다. 비록 어리석은 지아비와 촌농(村農)이라도 오히려 그런 사실쯤은 알 것이다.

『仁學』下篇 31장: 夫曰共擧之, 則因有民而後有君. 君末也, 民本也. 天下無有因末而累及本者, 亦豈可因君而累及民哉? 夫曰共擧之, 則且

必可共廢之. 君也者, 爲民辦事者也. 臣也者, 助辦民事者也. 賦稅之取
於民, 所以爲辦民事之資也. 如此而事猶不辦, 事不辦而易其人, 亦天下
之通義也. 觀夫鄕社賽會, 必擇擧一長, 使治會事, 用人理財之權咸隷焉.
長不足以長則易之, 雖愚夫愿農, 猶知其然矣.

"공동 추대하였다"는 말은 "우리 스스로 우리가 공동으로 추대한
사람을 위해 목숨 바치는 것이지 군주를 위해 죽는다는 것이 아님"을
의미한다 할 수 있다. 그러나 후세의 군주들은 모두 강대한 병마(兵馬)
를 가지고 억지로 침략해서 탈취(奪取)한 것으로, 본시 자연스럽게 공
동 추대한 사람이 아니다!

『仁學』下篇 31장: 夫曰共擧之, 猶得曰吾死吾所共擧, 非死君也. 獨何
以解於後世之君, 皆以兵强馬大力征經營而奪取之, 本非自然共戴者乎!

*『인학』 34장

시대적 상황을 고려해볼 때, 중화인(中華人)들은 참으로 분기(奮起)해
야 할 때이다. 그러나 한 일을 일으킴에 그 일에 큰 이득이 있을 것
을 기대하면, 그 일을 제대로 치러낼 수 없다.

그러므로 중화인들은 조지 워싱턴(George Washington)이나 나폴레옹
(Napoleon)과 같은 성공한 사람을 삼가 말 못하겠지만, 지사(志士)나 인
인(仁人)이라면 진섭(陳涉)이나 양현감(楊玄感) 같은 사람이 되기를 바람
으로써, 성인의 악한 사람 몰아내는 일에 죽음을 무릅쓰고 도와야 하
는 것이다. 만약 기회를 틈탈 수 없다면, 임협(任俠)이 됨으로써 인민
의 기운을 더욱 펴주고 용감한 기풍을 촉진할 수 있는 일보다 나은

것도 없다. 이것이 또한 어지러움을 제거하는 수단이다. …… 유협(游
俠)의 힘이 아니면 기대할 수 없다.

중국과 가장 거리가 가까우면서도 빨리 모델을 본받아야 할 곳은
일본만한 곳이 없다. 그 나라의 변법자강의 효험도 역시 그들 풍속인
칼을 차고 이리저리 돌아다니며 비분에 찬 소리로 질타(叱咤)하기 좋
아함에서 비롯하였다.

『仁學』下篇 34장: 以時考之, 華人固可以奮矣. 且擧一事, 而必其事
之有大利, 非能利其事者也. 故華人愼毋言華盛頓拿破侖矣, 志士仁人求
爲陳涉楊玄感, 以供聖人之驅除, 死無憾焉. 若其機無可乘, 則莫若爲任
俠, 亦足以伸民氣, 倡勇敢之風, 是亦撥亂之具也. …… 未必游俠之力也.
與中國最近而亟當效法者, 莫如日本. 其變法自强之效, 亦由其俗好帶劍
行游 悲歌叱咤.

* 『인학』 35장

아득히 먼 일이라 내가 자세히 말하지 않지만, 상군〔湘軍: 증국번(曾
國藩)이 이끌던 후난성(湖南省)의 군대〕의 동남지방에 대한 평정(平定)은 우
리의 귀와 눈에 여전히 생생할 것이다. 홍수전(洪秀全)과 양수청(楊秀
淸)과 같은 사람들은 군주와 관리에 고통받다 꼿꼿이 위험을 무릅썼
으니, 그 정황을 참으로 동정할 만하다.

서양의 형법에도 사형제도가 없는 것은 아니지만, 유독 모반(謀反)
에 관해서는 그것이 이미 저질러졌더라도 단지 몇 개월 가볍게 감금
될 뿐이다. 고의로 풀어놓는 것이 아니다. 그 법률의 취지는 "모반은
공죄(公罪)로서 한 사람이나 몇 사람이 할 수 있는 것이 아님"을 의미
하는 것과 같다. 일이란 한 사람이나 몇 사람으로부터 나오지 않는다.

그러므로 공죄라 이름한다. 공죄는 마지 못한 까닭이 반드시 있는 법이니, 나라를 맡고 있는 군주가 독단으로 중형(重刑)에 처할 수는 없다. 게다가 백성으로서 모반함은 그 정치하는 방법이 좋지 않음을 알수 있는 것으로 그 군주된 자가 오히려 스스로 반성해야 한다. 만약 "중형에 처하라" 한다면 군주로부터 시작되어야 한다. 이것은 죄란 곧 상하(上下)에 공정한 것이기 때문이다.……

아! 인의(仁義)의 모범은 이 때문에 천하에 무적(無敵)이라는 것이다. 무엇을 믿는가? 우리가 사람 죽이지 않음을 믿을 뿐이다. 『역경』에 말하기를 "신묘한 무술(武術)은 사람을 죽이지 않는 것이다" 하였으니 사람을 죽이지 않는 것이 곧 무술을 신묘하게 하는 것이다. 전쟁을 좋아하는 것은 불길한 것이다. 어찌하여 그 사실을 생각하지 못하는가?

『仁學』下篇 35장 : 遠者吾弗具論, 湘軍之平定東南, 此苑苑猶在耳目者矣. 洪楊之徒, 見苦於君宦, 挺而走險, 其情良足憫焉. 在西國刑律, 非無死刑, 獨於謀反, 雖其已成, 亦僅輕繫數月而已. 非故縱之也, 彼其律意若曰, 謀反公罪也, 非一人數人所能爲也. 事不出於一人數人, 故名公罪, 公罪則必有不得已之故, 不可臨國君以其私而重刑之也. 且民而謀反, 其政法之不善可知, 爲之君子, 尤當自反. 藉曰重刑之, 則請自君始. 此其爲罪, 直公之上下耳. …… 嗟乎! 仁義之師, 所以無敵於天下者, 夫何恃? 恃我之不殺而已矣.『易』曰 : "神武不殺" 不殺卽其所以神武也. 佳兵不祥, 盖圖之哉!

* 『인학』 36장

한갓 우리 스스로 백성을 학대하는 것만은 불평등하기가 어떻게나 심한지! 더욱이 관리는 높은 벼슬을 탐내고 비천한 병사는 후한 보상에 연결된다. 이 때문에 양민(良民)까지도 속여 악당[會匪]에 몰아넣고 죄없는[虛]사람을 마구 죽이는 일을 있지 않을 때가 없다. 이러한 모든 것들은 이른바 '함정'인 것이다. 저들의 세상 다스림에 차역[差役: 국가의 강제 무상 사역(無償使役)]에 대해서도 이와 같았다. 이미 불러 부려 먹고는 다시 그들을 천하게 여기고 모욕을 주며 짓밟고, 자손 3대에 양민이 될 수 없음을 법문(法文)에 명기(明記)하였다. 게다가 병사와 노동자[차역]의 함정뿐만 아니라, 관리, 학자, 농사꾼, 공인(工人), 상인을 대비하는 방법으로는 그 조례를 까다롭게 하고 그 신분 등차를 낮추었는데, 대부분 그들을 위한 그물이었다. 그렇게 함으로써 그들의 이권을 침해하고 앞뒤로 제한하였으며 온갖 방법으로 견제하였다. 힘이 부치고 피곤하여 스스로 일어나지 못하게 하고는 마침내 가난에 허둥대다 늙어 죽게 하였다. 그리하여 산 사람의 기운을 모두 탕진해버린다. 그런 후에 저 군주라는 자는 비로소 안심하고 "더이상 나를 해하지 못할 것이다" 한다. 이것이 온 세상 사람을 '함정'에 넣은 까닭이다. 장자가 이른바 "예(羿)의 과녁 앞에 노닐 때 거리를 잘 맞추면 적중한다. 그런데도 적중하지 않는 것은 운명의 문제이다"라고 하였다. 지금 맞추지 않는 사람은 누구인가? 군주의 재앙은 이 때문에 심각하다.

『仁學』下篇 36장: 徒自虐民, 不平孰甚! 況官吏貪於高躍, 賤勇涎於厚賞, 於是誣陷良民, 枉殺無辜, 蔑所不有矣. 凡此皆所謂窖也. 彼其治天下也, 於差役亦斯類也. 旣召而役使之也, 復賤辱之, 蹴踏之, 三代不得同爲良民, 著有令甲. 且又不唯兵與役之爲窖也, 其所以待官貸士待農待工待商者, 繁其條列, 降其等衰 多爲之網罟, 故侵其利權, 使其前跋後疐, 牽制萬狀, 力倦筋疲, 末由自振, 卒老死於奔走艱塞, 而生人之氣, 索然俱盡. 然後彼君主者, 始坦然高枕曰: "莫予毒也已". 此其窖天下之故, 莊所謂"游於羿之彀中". 中央者地也, 然而不中者命也, 今也不中者誰

歟? 君主之禍, 所以烈矣.

　*『인학』37장

　군신이라는 이름은 혹 오히려 인위적 결합이기 때문에 깨지기도 하
는 것이지만, 부자(父子)라는 이름에 이르러서는 참으로 하늘이 명(命)
한 것이라 생각하니 입 다물어져 감히 아무 말도 할 수 없다. 천명(天
命)을 알지 못한다는 것은 육체에 집착해서 하는 말이요, 영혼을 알지
못함이다. 자식도 하늘의 자식이요, 아비도 또한 하늘의 자식이다. 아
버지는 인간이 밖으로부터 취할 수 있는 것이 아니니, 평등한 것이다.
게다가 하늘도 근원으로써 통솔하므로, 사람을 또한 하늘이 능멸하거
나 억압할 수 있는 것이 아니니 평등한 것이다. 장자(莊子)는 "서로 (얽
매임 없이) 잊는 것이 최상이고 효는 그 다음이다"(『莊子』, 「天運」)라고
하였다. 서로 잊으면 평등할 것이다. 말 많은 쩨쩨한 유학자가 어찌
이것을 말할 수 있겠는가?

　『仁學』下篇 37장: 君臣之名, 或尙以人合而破之. 至於父子之名, 則
眞以爲天之所命, 卷舌而不敢議. 不知天命者, 泥於體魄之言也, 不見靈
魂也. 子爲天之子, 父亦爲天之子, 父非人所得而襲取也, 平等也. 且天
又以元統之, 人亦非天所得而陵壓也, 平等也. 莊曰 '相忘爲上, 孝爲次
焉', 相忘則平等矣. 詹詹小儒, 烏足以語此哉?

　저들이 말하는 천명이라는 것은, 부자(父子)의 경우에는 육체상〔핏
줄〕의 근거할 만한 것이 있다. 만약 시어머니의 며느리에 대한 관계
라면, 분명히 육체관계〔핏줄〕의 논리를 적용할 수 없다. 그런데 도대
체 왜 대하는 방식이 그처럼 난폭한가? 옛날 시부모가 며느리에게 잔

치를 베풀 때 일헌지례(一獻之禮)[3]를 거행했는데, 잔[爵]과 마른 고기〔脯〕를 권했으니 다만 주인과 손님이 서로 접대하는 방식으로 치렀다. 참으로 부탁하는 정중함으로써 감히 불경(不敬)하지 않았다.

지금은 노예처럼 부릴 뿐이요, 회초리로 때릴 뿐이다. 끝내는 달리 갈 데 없음을 생각하기에 이르러, 문득 자살하기도 한다. 시골의 아녀자와 동리(洞里)의 며느리가 시어미의 포악함에 상처 입은 것을 어떻게 이루 다 말할 수 있으리요? 부모 형제는 내내 마음 아파할 뿐 구해줄 방법이 없다. 그러나 마침내 어떤 사람이 팔뚝을 걷어붙이고 나와 여자의 의미를 바로할 것을 울부짖은 사람이 있었다는 말을 듣지 못하였다.

『仁學』下篇 37장 : 夫彼之言天命者, 於父子固有體魄之可據矣, 若夫姑之於婦, 顯爲體魄之說所不得行, 抑何相待之暴也? 古者舅姑饗婦, 行一獻之禮, 送爵薦脯, 直用主賓相酬酢者處之. 誠以付托之重, 莫敢不敬也. 今則虜役之而已矣, 鞭笞之而已矣. 至計無復之, 輒自引決. 村女里婦, 見戕於姑惡, 何可勝道? 父母兄弟, 終身茹痛, 無術以援之, 而卒不聞有人焉, 攘臂而出, 昌言以正其義.

역사서에 기록된 것을 나로서는 다 열거하기 어렵다. 지금의 제도에 백숙부(伯叔父), 종조부(從祖父)나 조부(祖父) 같은 사람들이, 비록 아침 저녁으로 사사로이 만나더라도 절하고 무릎 꿇지 않을 수 없다. 심지어 본래 낳아준 부모까지도 신하처럼, 하녀처럼 여겨 (그들의 인사에) 답례도 없다. 중국은 걸핏하면 윤리 도덕이 남다른 것임을 스스로

---

3 처음 주인이 술을 따라 손님에게 주는 것을 獻이라 하고, 다음에 손님이 주인에게 따라주는 잔을 爵이라 하며, 또 주인이 잔을 따라 손님에게 주며 노고를 치하하는 것을 酬라 하는 데, 이 獻·爵·酬를 합해서 一獻이라 한다.

긍지로 여겨 외국 사람을 경멸한다. 그러나 군주 된 사람은 도덕이란 참으로 하나도 없다. 온 세상 사람들도 도리어 타성에 젖어 괴이하게 여길 줄 모른다. 유독 왜 그런가? 더욱 분개할 만한 것은, 군주 본인은 부부라는 인륜을 더럽히고 혼란시켜, 궁녀가 많아 헤아릴 수 없을 정도에 이르고 인간의 부부의 도를 일방적으로 끊어놓기 좋아함이다. 예컨대 이른바 불알을 제거한 환관과 방에 갇힌 궁녀들에 대한 그 잔악함은 사람의 도리를 무시한 것이니, 비록 짐승이라 하더라도 그 정도에 이르지는 않을 것이다.

『仁學』下篇 37장 : 靑史所記, 更僕難終. 今制伯叔父若從祖祖父, 雖朝夕燕見, 不能無拜跪, 甚至本生父母, 臣之妾之, 而無答禮. 中國動以倫常自矜異, 而疾視外人 ; 而爲之君者, 乃眞無復倫常, 天下轉相習不知怪, 獨何歟? 尤可憤者, 己則瀆亂夫婦之倫, 妃御多至不可計, 而偏喜絶人之夫婦, 如所謂割勢之閹寺與幽閑之宮人, 其殘暴無人理, 雖禽獸不逮焉.

그런데도 미인 바치는 일에 익숙한 사람들은 또다시 왜곡되게 사속설(嗣續說)을 만들어, 그 악을 합리화해 간다. 그렇다면 참으로 환관과 궁녀는 (자손을) 끊어도 당연한가? 게다가 널리 대(代)를 이을 자손을 퍼뜨려야 한다는 이론은 보통 사람에게 적용하는 것도 오히려 옳지 않다. 중국은 온갖 일이 하나도 강구되는 일이 없어, 먹여살릴 방법도 없고 교육시킬 방법도 없다. 그런데 유독 대를 이을 자손의 경우는 노인네로부터 약한 어린이에 이르기까지, 도시로부터 산간벽지에 이르기까지 절대 중요한 일로 여겨 매우 급히 서두르지 않는 일이 없다. 어찌 그리 잘못되었는가?

『仁學』下篇 37장 : 而工於獻媚者, 又曲爲廣嗣續之說, 以文其惡. 然

則閹寺宮人之嗣續, 固當殄絶之耶? 且廣嗣續之說, 施於常人, 且猶不可
矣. 中國百務不講, 無以養, 無以教, 獨於嗣續, 自長老以至弱幼, 自都邑
以至村僻, 莫不視爲絶重大之事, 急級以圖之, 何其惑也?

　　더욱이 계모의 전처 자식과의 관계와, 첩의 본처 자식에 대한 관계,
주인의 노비에 대한 관계들은 핏줄과는 무관한 데도 어두움이 이보
다 더한 것이 없다. 삼강의 사람에 대한 공포는 심장을 파괴하고 영
혼을 말살함이 이와 같은 것이다. 『예기』에 "혼인의 예절이 폐기되자,
부부의 도리가 고통스럽다"[4]고 하였다. 본래 쌍방의 마음에 원해서가
아닌데, 서로 들어보지도 못한 사람과 억지로 결합시키고 한평생 얽
어맴으로써 부부로 삼게 하였다. 과연 무엇을 근거로 그 한 쪽만의
권리를 펴서 상대방을 고통스럽게 할 수 있는가? 참으로 또한 삼강
이론이 고통스럽게 하는 것이다. 남편은 이미 스스로 주인이라 자처
한다면 그 아내를 똑같은 사람으로 대하는 것이 아닐 것이다.

　　옛날에는 이혼을 요청하여 집을 나가는 사람이 있었으며 오히려
자주권을 잃지 않았다. 진나라가 포악한 법을 제정하여 회계산에서
돌에 새긴 이래로, 송나라 유학자들이 그것을 한층 더 고조시켜 "굶
어죽음은 작은 일이지만 정절을 잃음은 큰일이다"라는 엉터리 이론
을 망령되이 만들었다. 곧 집안에 신불해(申不害)와 한비자(韓非子)의
혹독한 법을 적용하여 아낙네의 방을 감옥으로 만들었던 것이다.

　　『仁學』下篇 37장: 又況後母之於前子, 庶妾之於嫡子, 主人之於奴
婢, 其於體魄皆無關, 而黑暗或有過此者乎! 三綱之慴人, 足以破其膽,
而殺其靈魂, 有如此矣. 記曰 '婚姻之禮廢, 夫婦之道苦', 本非兩情相願,

---

4 『禮記』「經解」.

而强合渺不相聞之人, 繫之終身, 以爲夫婦, 夫果何恃以伸其偏權而相苦哉? 實亦三綱之說苦之也. 夫旣自命爲綱, 則所以遇其婦者, 將不以人類齒. 於古有下堂求去者, 尚不失自主之權也. 自秦垂暴法, 於會稽刻石, 宋儒煬之, 妄爲'餓死事小, 失節事大'之瞀說. 直於室家施申韓, 閨闥爲岸獄.

서로 잊는다는 것이 드디어 효가 없어짐을 말하는 것은 더욱 아니다. 법조차도 오히려 버려야 할 것인데, 하물며 옳지 않은 법(法)이겠는가? 효 또한 안 되는 것인데, 하물며 불효이겠는가?

『仁學』下篇 37장: 又非謂相忘者遂不有孝也. 法尙當舍, 何況非法, 孝且不可, 何況不孝哉?

＊『인학』 38장

오륜 중 사람살이에 가장 폐해가 없고 유익하면서 조금의 고통도 없고 담백한 물 맛의 즐거움이 있는 것은 오직 붕우관계일 뿐이다. 다만 교제의 선택이 어떠해야 하는가가 문제될 뿐이다. 방법은 무엇인가? 첫째 '평등', 둘째 '자유', 그리고 셋째 '오직 뜻을 절제하고 베풂'이다. 그 의미를 총괄하면 '자주권을 잃지 않는 것'일 뿐이다.

『仁學』下篇 38장: 五倫中於人生最無弊而有益, 無纖毫之苦, 有淡水之樂, 其惟朋友乎! 顧擇交何如耳, 所以者何? 一曰'平等'. 二曰'自由'. 三曰'節宣惟意'. 總括其義, 曰不失自主之權而已矣.

형제관계는 붕우관계의 도리와 밀접하다는 점에서 그 다음일 수 있다. 나머지는 모두 삼강의 그물이 덮고 가리는 바 되어 지옥과 같은 것이다. 위로는 천문(天文)을 보고 아래로는 지리(地理)를 살피며, 멀리로는 사물에 대하여 관찰하고 가까이로는 몸에서 취하여[5] 자주(自主)에 능한 사람은 발전하겠지만 그렇지 못한 사람은 망한다. (우주의) 일반적 원리는 명백해서 이것을 따르지 않음이 없다.

『仁學』下篇 38장: 兄弟於朋友之道差近, 可爲其次. 餘皆爲三綱所蒙蔽, 如地獄矣. 上觀天文, 下察地理, 遠觀諸物, 近取之身, 能自主者興, 不能者敗. 公理昭然, 罔不率此.

　　세상 사람들은 육체에 얽매여 쓸데없이 분별을 낳아, 가까운 사이니 먼 사이니 하는 용어를 만들어 붕우관계를 말단으로 여긴다. 저 붕우는 어찌 다만 나머지 네 인륜보다 귀중할 뿐이겠는가? 네 인륜의 주축이다. 그리하여 네 인륜을 모두 붕우의 도(道)로써 일관하고 있으니 네 가지 인륜은 없애도 좋다. 이것은 억지소리가 아니다. 공교(孔教)에서는 "신하여 이웃이여"[6]라고 하였고 "신하와 사귄다"(『大學』)고 하였으니 군신(君臣)관계는 붕우 사이이다. "유독 제 아비만 아비로 여기지 않고 제 자식만 자식으로 생각하지 않는다"(『예기』「예운」) 하였으니, 부자는 붕우관계이다. 부부는 형제관계 다음으로, 결합할 수도 있고 헤어질 수도 있다. 그러므로 공자의 집안에서도 아내가 집 나가는 일을 피하지 않았다. 부부 사이는 붕우 사이이기 때문이다. 형제의 우애에 이르러서도 더욱 말할 것이 없다. 예수교의 경우 "원수 보기를 친구처럼 하라"[7]고 명시하였다. 그러므로 민주(民主)라는 것은 '천국'의

---

5 『易經』「繫辭傳下」.
6 『書經』「益稷」.
7 『신약성서』「마태복음」 5장.

의미로, 군신관계는 붕우 사이이다. 아버지와 자식은 거주지를 달리하고 재산을 따로 관리함은 그 관계가 붕우관계이기 때문이다. 부부의 선택과 이별은 모두 쌍방의 마음에 서로 들어야 교회당에서 결혼한다. 부부는 붕우 사이이기 때문이다. 형제의 경우는 더욱 말할 것도 없다. 불교의 경우 군주, 신하, 그리고 부모, 처자(妻子), 형제 등 피를 함께한 가족 모두를 통틀어 일일이 출가하여, 계율(戒律)을 받고 법회에 참석한다. 이것 또한 저 네 가지 인간관계를 널리 변화시켜 똑같이 붕우관계로 만든 것이다.

『仁學』下篇 38장 : 世俗泥於體魄, 妄生分別, 爲親疎遠邇之名, 而末視朋友. 夫朋友豈眞貴於餘四倫而已, 將爲四倫之圭臬. 而四倫咸以朋友之道貫之, 是四倫可廢也. 此非讕言也. 其在孔敎, 臣哉隣哉, 與國人交, 君臣朋友也. 不獨父其父, 不獨子其子, 父子朋友也. 夫婦者, 嗣爲兄弟, 可合可離, 故孔氏不諱出妻, 夫婦朋友也. 至兄弟之爲友于, 更無論矣. 其在耶敎, 明標其旨曰, '視敵如友', 故民主者, 天國之義也, 君臣朋友也. 父子異宮異財, 父子朋友也. 夫婦擇偶判妻, 皆由兩情相願, 而成婚於敎堂, 夫婦朋友也. 至於兄弟, 更無論矣. 其在佛敎, 則盡率其君臣與夫父母妻子兄弟眷屬天親, 一一出家受戒, 會於法會, 是又普化彼四倫者, 同爲朋友矣.

＊『인학』 39장

서양 사람들은 중국이 삼강 때문에 어리석었음을 민망히 여겨 중국은 하나님(上帝, 예수)을 찬양하여 치세(治世)할 것을 자주 권한다. "하늘이 사람을 지배함으로써 세상 사람들은 평등을 본받을 것이다. 그렇게 되면 사람마다 자주권을 잃지 않을 것이며, 삼강이 사람을 바람직스럽지 않게 가벼이 여기거나 중요시하는 폐단을 말끔히 제거할 수 있을 것이다"고 하였다. 그리하여 하늘은 예수의 가르침에만 유독 있는 것으로 믿고, 공자의 가르침에는 결함이 있다고 도리어 비평한다. 그런 것은 공자의 가르침에 이미 모두 있었던 줄을 모른 것이다. 위대한 『역경』의 정의에 "하늘이 땅 아래에 있는 것이 태평하고 그 반대는 폐색(閉塞)하다〔否〕. 불〔火〕이 물보다 아래에 있을 때 안정하고〔旣濟〕 그 반대는 혼란이다〔未濟〕. 모든 양(陽)이 음(陰) 아래에 있음과 남자가 여자보다 아래에 있을 때 길(吉)하고 그 반대는 흉(凶)하고 인색하다"고 하였다. 이것은 불평등의 폐단을 일찍이 바로잡은 것이다.

『仁學』下篇 39장 : 西人憫中國之愚於三綱也, 亟權中國稱天而治 : 以天綱人, 世法平等, 則人人不失自主之權, 可掃除三綱畸輕畸重之弊矣. 固秘天爲耶敎所獨有, 轉議孔敎之不免有闕漏, 不知皆孔敎之所已有. 大『易』之義, 天下地'泰', 反之'否'; 火下水'旣濟', 反之'未濟'; 凡陽下陰, 男下女吉, 反之凶且吉, 是早矯其不平等之弊矣.

　* 『인학』 40장

　세간(世間)에 종교가 있는 까닭과 종교가 유행할 수 있는 이유를 살펴보면, 모두 사람살이와 관련을 맺는다. 움직이자 반드시 피곤하고 피곤할 때 쉴 것을 생각하는 인간성이 있다는 점으로부터 출발한 후에, 비로소 그 기미를 반겨 슬기롭게 인도해줄 수 있기 때문이다. 사람이라면 야만인까지도 지난 세속 세계의 더러워짐〔전진(前塵)〕을 이미 끊었음과 지난 발자취를 곧 끊으려 할 때에 이르러서는 그들이 경험하는 것을 따라 연연(戀戀)하고 마음에 생각하지 않은 적이 일찍 없었다. 저 새들도 오히려 울어대는 때가 있음을 보는 것은 이 때문이다. 이런데도 종교로써 위로해주고 깨우쳐줌이 없다면 슬픔이 얼마나 심하겠는가! 경전〔經典 : 『맹자』 「公孫丑上」〕에 "배고픈 사람은 먹이기 쉽고, 목마른 사람은 마시게 하기 쉽다" 하였지만, 어찌 정치만 그렇겠는가? 종교 없는 때에 태어나 사람이 고통을 하소연할 것이 없으면, 어떤 망령한 사람이 말하는 지극히 편벽되고 고루한 종교라도 찾아 모두 기어갈 것이니 더욱 슬프지 않겠는가? 비록 그렇더라도 또 어찌 어리석고 비천한 사람들의 종교의 박탈함뿐이겠는가?

『仁學』下篇 40장 : 原夫世間之所以有敎, 與敎之所以得行, 皆緣民生自有動而必靜, 倦而思息之性, 然後始得迎其幾而利道之. 人卽至野悍, 迫於前鹿之旣謝, 往跡之就煙, 循所遭遇, 未嘗不戀戀拳拳. 相彼禽族, 猶有啁啾之頃者, 此也. 此而無敎以慰藉而啓悟之, 則可哀孰甚焉! 『傳』曰"饑者易爲食, 渴者易爲飮" 豈爲政爲然哉? 生無敎之時, 民苦無所系屬, 任取誰何一妄人所倡至僻陋之敎, 皆將匍匐往從, 不尤可哀乎! 雖然, 又豈惟愚賤之不敎乎!

*『인학』 41장

게다가 백성으로서 학문이 있으면, 나라가 비록 망하더라도 괜찮다. 어떤 사람으로 바꾸어 임금을 삼든 반드시 백성을 감히 학대하지 못할 것이다. 단지 군주만 망할 뿐이다. 우리가 군주 망하는 것을 노비가 바뀌는 것처럼 여겨도 백성에게 어찌 해가 있겠는가?

그러므로 서양의 여러 나라들은 자기네 나라에 마땅한 군주감이 마침 없을 때에는, 조금도 상관없는 다른 나라 사람을 초빙하여 군주로 삼거나 여러 나라가 하나의 연방국을 형성하였다. 예컨대 영국 연방 세 섬(영국, 스코틀랜드, 아일랜드)과, 노르웨이에 대한 스웨덴, 그리고 이른바 연방(예를 들어 독일의 경우)은 모두 이것들이다. 춘추대의(春秋大義)는 온 세상이 한 가정이다. 땅의 구분은 있었지만 사람을 구분하는 일은 없었다. 똑같이 지구상에 태어나 본디 이른바 나라라는 것은 없었다. 비록 누가 다시 이 국경 저 국경을 구분하여 목숨 바쳐 군주의 개인 재산을 보호하더라도 나라에는 드디어 권력이 없게 된다. 나라에 권력이 없을 때, 권력은 누구에 속하겠는가? 학문이야말로 권력의 꽁무니이자 귀결처이다.

『仁學』下篇 41장: 且民而有學, 國雖亡, 亦可也. 無論易何人爲之君, 必無敢虐之. 直君亡耳. 視君亡猶易臧獲, 於民審有害焉. 故泰西諸國, 有此國偶乏其君, 乃聘請別國渺不相涉之人以爲之君, 或竟倂數國爲一國, 如古之英倫三島, 瑞典之於挪威, 以及所謂聯邦, 皆是也. 春秋之義, 天下一家, 有分土, 無分民. 同生地球上, 本無所謂國, 雖復此疆爾界, 糜軀命以保國君之私産, 而國遂以無權. 國無權, 權奚屬? 學也者, 權之尾閭而歸墟也.

*『인학』 42장

대일통(大一統)의 대의로 말해보건대, 천지간 나라가 있음은 부당하다. 더 이상 보존할 이유가 어디 있겠는가? 그러나 이것은 한 번에 기대할 수 없다. 세상의 혼란이 극에 달하지 아니하고서는 혼란을 제거하여 올바른 곳으로 돌아갈 방법도 없다. 그러므로 나라가 끝내 다스려지지 않을 것임을 확인하고서는 오히려 혼란을 재촉하여 만에 하나 그것을 다스릴 수 있는 사람을 기대하는 것이 낫다.

『仁學』下篇 42장: 以言乎大一統之義, 天地間不當有國也, 更何有於
保? 然此非可以一蹴幾也. 世亂不極, 亦末由撥亂反之正. 故審其國之終
不治也, 則莫若速使其亂, 猶冀萬一能治之者也.

*『인학』 43장

심력(心力)을 최대로 활용했을 때 하지 못할 일은 없다. 오직 그것
이 극대화되었을 경우 또한 장애와 위험을 마침 부르기도 한다. 자연
과학이 발전할수록 궁구하기 어려운 이치는 더욱 많고, 화학과 전기
에 관한 학문이 발전할수록 나누기 어려운 분자는 더욱 많으며, 의학
이 발전할수록 치료하기 어려운 증세는 더욱 많다. 수학이 발전해도
해결하기 어려운 문제는 더욱 많고 통치이론이 발전할수록 막기 어
려운 폐단은 더욱 많다. 도심(道心)의 높이가 한 척일 때 악마의 높이
는 10척으로, 발전할수록 막히는 일은 영원히 그치지 않는다. 그러나
그 반대로 생각건대, 만약 발전하지 못하게 한다면 곧 이런 장애를
억눌러 불가능할 것이다. 이리하여 장애는 발전의 증거요, 폐단은 다
스림의 효과이다. 똑같이 쇠퇴하고 똑같이 성장하여 도는 통하여 하
나가 된다. 오직 장애가 이 때문에 스스로 막히지 않는 데 있을 뿐이
다. 진실로 어려움을 두려워하고 편안함을 탐낸다면, 재앙을 피하느
라 감히 복리(福利)를 증진할 수 없다. 걸핏 서양의 인민당[민주당?]의
조화롭지 못함을 끌어들여 서양 방식을 배워서는 안 된다고 생각한
다면, 바로 그것이 통치가 날로 진보하는 추진력이었음을 모르는 것
이다. 곧 자그마한 혼란이 있더라도 천만년의 전체 상황에 대하여 살
펴보면, 한갓 아이가 한 구멍만 쳐다보는 것과 같을 뿐이다. 머리가
아플 때 머리를 치료해야 하고, 배가 아플 때 배를 치료해야 한다고
하면, 마침내 전체 상황을 돌아보지 않고 버려두는 것이니, 이런 경

우라면 아마 심력을 참으로 말할 수 없을 것이다.

『仁學』下篇 43장: 夫心力最大者, 無不可爲. 惟其大也, 又適以召阻險: 格致盛而愈多難窮之理, 化電盛而愈多難分之質, 醫學盛而愈多難治之症, 算學盛而愈多難取之題, 治理盛而愈多難防之弊. 道高一尺, 魔高一丈, 愈進愈阻, 永無止息. 然反而觀之, 向使不進, 乃幷此阻而不可得. 是阻者進之驗, 弊者治之效也. 同消同長, 道通爲一, 惟在不以此自阻焉耳. 苟外亂而偸安, 妨害里不敢興利, 動援西國民黨之不靖, 而謂不當學西法, 不知正其治化日進之憑據也. 卽有小亂, 當統千萬年之全局觀之, 徒童闚於一孔, 謂頭痛當醫頭, 腹痛當醫腹, 遂棄置全局於不顧, 此其心力, 誠不足道矣.

* 『인학』 44장

어찌 의복의 경우만 유독 그렇지 않겠는가? 이미 윗도리와 아랫도리의 구분은 쓸모없는 것이나 우리는 고집스럽게 옷단을 길게 하고 소매를 벙퍼짐하게 만든다. 이미 사람들이 지면(地面)에 앉고 무릎 꿇지 않는데도 우리는 고집스럽게 무릎 꿇고 머리를 땅에 조아린다. 일이 전도(顚倒)되고 비합리적인 것이 어찌 이보다 심할 수가 있겠는가? 사대부(士大夫)로서 이런 짓을 하는 경우라면 오히려 말이 된다. 그러나 밭고랑의 농부, 기계에서 일하는 공인(工人), 전쟁터의 병사들, 그리고 바삐 심부름하는 하인(下人)의 경우 지금의 복제(服制) 예식(禮式)으로는 크게 불편하다. 그런데도 제도를 달리한다는 소문을 듣지 못했으니, 무슨 까닭인가?

『仁學』下篇 44장: 夫於衣冠, 又何獨不然? 旣非上衣下裳, 而偏爲長齋博袖; 旣非席地屈坐, 而偏爲跪拜頓首. 事之顚倒失理, 甯有過此? 以士

大夫而爲此, 則猶可言矣 ; 顧農夫之於畎畝, 工役之於機器, 兵卒之於戰
陣, 傭隷之於趨走, 於今之衣冠禮範有大不便者, 而亦不聞異其制, 何耶?

* 『인학』 45장

심력을 우리 눈으로 볼 수 있는가? 사람이 그것에 힘입어 일을 처
리하게 하는 힘이 바로 이것이다. 내가 그것을 형용할 방법이 없는데,
역학자(力學者)의 요철력(凹凸力)의 모양새로 형상해보자. 어떤 일을
잘 처리할 수 있을수록 그 요철력은 더욱 크다. 이 힘이 없으면 일을
처리할 수 없고, 요철력이 한 번 세게 움직일 때 '활을 최대한 강하게
잡아당길 때'처럼 튀어 나가지 않을 수 없는 힘이 존재한다. 비록 천
만 사람이라도 그것을 막아 방향을 돌릴 수는 없을 것이다.

『仁學』下篇 45장 : 心力可見否? 曰人之所賴以辦事者是也. 吾無以狀
之, 以力學家凹凸力之狀狀之. 愈能辦事者, 其凹凸力愈大. 無是力, 即
不能辦事, 凹凸力一奮動, 有挽强持滿, 不得不發之勢, 雖千萬人, 未或
能遏之而改其方向者也.

이들의 이른바 힘이라는 것들이 모두 재앙으로부터 우리를 구제할
수 있는가? 구제할 수 없다. 이것들은 불교에서 말하는 '생멸심(生滅
心)'[8]으로서, 일정하게 모이지 않는다. 스스로를 물리치면서 남도 물
리친다.

『仁學』下篇 45장 : 此之所謂力者, 皆能挽劫乎? 不能也. 此佛所謂生

---

8 무상허가(無常虛假)의 마음.

減心也, 不定聚也. 自攖攖人.

기이한 환상처럼 만 가지로 변하고 유행(流行)은 끝이 없지만 더욱 재앙을 만드는 것이다. 나는 세상에 기계(機械)가 있는 까닭은 어떤 것도 이들 힘과 관련하여 일어나지 않음이 없음을 슬퍼한다. 하늘은 사람에게 아름다운 소질을 주었으나, 사람들은 그것을 빌려 서로 싸운다. 그러므로 재지(才智)가 훌륭할수록 싸움도 더욱 맹렬하다. 이것은 요철력의 해됨이다. 그러나 진실로 이들 힘이 없다면, 일도 더 이상 아무것도 해낼 수 없다. 그러면 우리는 어떻게 해야 하는가? '우리는 어찌 이 요철력을 모아 인(仁)에 도달하기 위해 쓰지 않는가?'

『仁學』下篇 45장 : 奇幻萬變, 流衍無窮, 愈以造劫. 吾哀夫世之所以有機械也, 無一不緣此諸力而起. 天賦人以美質, 人假之以相鬪, 故才智愈大者, 爭亦愈大. 此凹凸力之爲害也. 然苟無是力, 卽又不能辦事. 宜如之何? 曰何莫倂凹凸力而用之於仁?

* 『인학』 46장

세상 사람 모두가 심력을 잘 발휘할 때, 문명의 훌륭함은 어느 단계까지 도달할 것인가? 나는 말하지만 "한두 마디로 답하기 쉽지 않다." 내가 시험삼아 간단하게 말하건대, 지구의 평화는 농학(農學)이 그 진보와 퇴보(退步)를 결정할 것으로 보여짐이 틀림없다.

맹자는 "세상이 생겨난 지 오래지만, 한 번은 평화스러웠고 한 번은 혼란하였다(『맹자』「등문공하(滕文公下)」)"고 말했다. 평화스럽다가 혼란이 있음은 반드시 크게 어쩔 수 없는 까닭이 있지만 평화를 보존하는 방법도 아직 좋지 않았기 때문이다. 크게 어쩔 수 없는 까닭은 인구 과잉보다 지나친 것은 없다. 지구의 면적은 개척할 만한 것이 없지만 인구의 증가는 한 세대마다 반드시 배로 늘어난다. 생산물은 필요한 만큼 나누어 공급되지 않으니, 이것은 참으로 혼란의 도리임에 틀림없다. 지금 다행히 항로와 철도가 중국과 외국에 다 통하여 과잉과 부족이 서로 조정된다. 미개간된 땅은 꽤 있다. 그렇다면 인구는 다시 100배로 증가해도 오히려 생활하기 쉽다. 나는 서양제국(西洋諸國)이 땅을 넓히고 통상하기 위해 식민정책에 지칠 줄 모르는 것을 살펴보고 그들의 원대한 사고력에 감탄하였다.

왕선산(王船山)은 일찍이 전한(前漢)·후한(後漢)의 사관〔史官: 『漢書』의 반고(班固), 『한기(漢紀)』의 순열(荀悅)〕이 정치의 본질에 무지하였음을 탄식한 적이 있었다. 대란(大亂) 직후 항복한 군인들은 걸핏 수십만 백만에 이르렀지만 동원된 병사의 숫자는 여기에 그치지 않았다. 그들 모두는 농사를 짓지 않고 하는 일 없는 떠돌이였다. 하루 아침에 군대에서 나와 집으로 돌아가면 언제 편안히 정착하여 땀 흘려 일하게 했던가? 안정을 되돌려줘 모이게 하고, 더욱 어떤 정책을 취해 생활하도록 하고 스스로 생계를 꾸릴 수 있게 해야 반란(叛亂)이 없으련만 당시 지극히 중대하고 어려운 정책 중 어찌 이 이상의 일이 있었겠는가마는 사관(史官)들은 한 마디 언급조차 하지 않았다. 참으로 식견(識見)이 없다고 할 만하다.

『仁學』下篇 46장: 天下皆善其心力也, 治化之盛當至何等地步? 曰: 此未易一二言, 吾試言其粗淺, 則地球之治, 必視農學爲進退. 孟子曰: "天下之生久矣, 一治一亂", 夫治而有亂, 其必有大不得已之故, 而保治之道未善也. 大不得已之故, 無過人滿. 地球之面積, 無可展拓, 而人類之蕃衍, 代必倍增, 所産不敷所用, 此固必亂之道也. 今幸輪船鐵路, 中外盡通, 有餘不足, 互相酌劑, 總計荒地正多, 卽丁口再加百十倍, 猶易生活. 吾觀西國闢地通商, 汲汲爲植民政策, 而嘆其志慮宏遠矣. 王船山

嘗恨兩漢史官昧於政體, 時乘大亂之後, 歸降動至百萬數十萬人, 其用兵之數, 當不止此, 皆不農不末, 無業流民也, 一旦歸休, 如何安置, 如何勞來, 還定安集之, 又操何術, 使有執業, 足自給而不爲亂, 當時至大至艱之事, 寧有過於此者? 而史官一字不及, 眞可謂無識焉耳.

* 『인학』 47장

지구의 다스림은 천하만 있고 나라는 없는 데서 이루어진다. 장자는 "천하를 자연에 맡겨 간섭하지 않는다는 말은 들었어도, 천하를 다스린다는 말을 듣지는 못했다"[9] 하였다. 다스린다는 것은 나라를 둠을 의미한다. 재유(在宥)라는 것은 나라라는 것이 없음을 의미한다. 아무개는 '재유(짜이유)'는 '자유(쯔유)'의 음이 바뀐 것일 것이라고 하였으니, 훌륭한 말이다. 사람마다 자유로울 수 있으려면 반드시 나라 없는 백성이 되어야 한다. 나라가 없으면 경계가 소멸하고, 전쟁·시기·권모(權謀)·피아(彼我)의 구별이 사라져 평등이 출현할 것이다. 게다가 세계가 있더라도 세계가 없는 것과 같을 것이다. 군주제가 폐지되면 귀한 사람과 천한 사람이 평등할 것이며, 공리(公理)가 분명하면 빈부가 균등할 것이다. 천 리 만 리 떨어진 사람이 한 가족, 한 사람과 같을 것이다. 그 가정을 손님 맞는 곳과 같이 여길 것이며 그 사람 보기를 동포처럼 할 것이다. 부자(父子)와 형제 간에 우애와 공경이 뭔지 모르고 살 것이며, 남편과 부인은 부창부수(夫唱婦隨)가 뭔지 몰라도 살 것이다. 서양 책의 『백년일각(百年一覺)』이라고 하는 것도 『예기(禮記)』(「예운(禮運)」)에서 말한 대동의 모습과 거의 비슷할 것이다.

---

9 『莊子』「在宥」.

『仁學』下篇 47장: 地球之治也, 以有天下而無國也. 莊曰聞在宥天下不聞治天下. 治者, 有國之義也. 在宥者, 無國之義也. ○○○曰在宥, 蓋自由之轉音 旨哉言乎! 人人能自由, 是必爲無國之民. 無國則畛域化, 戰爭息, 猜忌絕, 權謀棄, 彼我亡, 平等出. 且雖有天下, 若無天下矣. 君主廢, 則貴賤平. 公理明, 則貧富均. 千里萬里, 一家一人. 視其家, 逆旅也. 視其人, 同胞也. 父無所用其慈, 子無所用其孝, 兄弟忘其友恭, 夫婦忘其倡隨. 若西書百年一覺者. 殆彷彿禮運大同之象焉.

*『인학』48장

"초구(初九), 숨은 용(龍)이니 쓰지 말 것이다[初九, 潛龍勿用]"의 의미는 태평세(太平世)로 원통(元統)이다. 교주가 없었고 군주도 또한 없었다. 시간적으로 볼 때, 아득히 먼 옛적에 백성들은 순박하였고 서로 교대로 추장(酋長)이 되었을 뿐이다. 인간으로 치면, 처음 태어났을 때이다. "쓰지 말라"는 것은 쓸 만한 것이 없음이다. "구이(九二), 나타난 용(龍)이 밭에 있으니, 대인을 만나는 것이 이롭다[九二, 見龍在田 利見大人]"의 의미는 승평세(升平世)로 천통(天統)이다. 시간적으로 볼 때, 교주와 군주가 점차 출현하기 시작한다. 그러나 일반 백성과의 거리는 아직 멀지 않았다. 그러므로 "밭에 있다"고 하는 것이다. 시간적으로 삼황오제(三皇五帝) 때이다. 인간으로 치면 어린 시절이다. "구삼(九三), 군자는 종일토록 근신하니 밤에 근심하면 위태로우나 허물이 없으리라[九三, 君子終日乾乾 夕惕若, 厲, 无咎]"의 의미는 거란세(據亂世)로 군통(君統)이다. 군주가 비로소 횡포를 부리자 교주가 곧 나와 평화를 도모하지 않을 수 없었다. 그러므로 그들의 표현은 대부분 근심으로 가득 차 있다. 시간적으로 삼대(三代, 하·은·주) 때이다. 사람으로 치면 성인이 된 때로, 이것은 내괘(內卦)의 역삼세(逆三世)이다.

『仁學』下篇 48장: '初九, 潛龍勿用', 太平世也, 元統也. 無敎主, 亦無君主. 於時爲洪荒太古, 氓之蚩蚩, 互爲酋長已耳. 於人爲初生. 勿用者, 無所可用者也. '九二, 見龍在田, 利見大人', 升平世也, 天統也. 時則漸有敎主君主矣, 然去民尙未遠也, 故曰在田. 於時爲三皇五帝. 於人爲童禾稈. '九三, 君子終日乾乾, 夕惕若厲, 无咎', 據亂世也, 君統也. 君主始橫肆, 敎主乃不得不出而劑其平, 故詞多憂慮. 於時爲三代. 於人爲冠婚. 此內卦之逆三世也.

"구사(九四), 혹 뛰거나 혹 못에 있음이니 허물이 없으리라〔九四, 或躍在淵, 无咎〕"는 거란세로 군통이다. 용이 위로는 하늘에 있지 않고 아래로는 밭에 있지 않다. '혹(或)'이라는 것은 시험 삼는다는 말이다. 안 될 줄 알면서도 하는 사람은 공자였다. 시간적으로 공자가 살던 때에서 지금에 이르기까지 모두 이것이다. 사람으로 치면 장년 이후이다. "구오(九五), 나는 용이 하늘에 있음이니 대인을 봄이 이롭다〔九五, 飛龍在天, 利見大人〕"는 승평세(升平世)로 천통(天統)이다. 지구의 모든 종교는 장차 한 교주를 똑같이 섬길 것이고 지구의 모든 나라는 장차 한 군주를 똑같이 받들 것이다. 시기적으로는 대일통이 된다. 사람으로 치면 천명(天命)을 아는 단계가 된다. "상구(上九), 위를 벗어난 용이니 후회함이 있으리라〔上九, 亢龍有悔〕"는 태평세로 원통이다. 온 세상이 교주를 하나로 통일하고 군주를 한 사람으로 할 것이다. 이때의 상황은 또다시 고립될 것이다. 고립되기 때문에 지나치게 올라간다〔亢〕. 지나치게 올라가기 때문에 후회가 있다. 후회하면 사람마다 교주의 덕이 있을 수 있어 교주 없이 살 수 있고, 사람마다 군주의 권력이 있을 수 있어 군주 없이 살 수 있다. 시간적 상황으로 볼 때 모든 땅에서 민주(民主)를 행한다. 사람으로 치면 인격의 도야가 성숙되어 "마음에 바라는 바대로 해도 한계를 넘지 않는다"고 말할 수 있다.

이것은 외괘(外卦)의 순삼세(順三世)이다.

『仁學』下篇 48장: '九四, 或躍在淵, 无咎', 據亂世也, 君統也. 上不在天, 下不在田. 或者試詞也. 知其不可爲而爲之者, 孔子也. 於時則自孔子之時至於今日, 皆是也. 於人則爲壯年以往. '九五, 飛龍在天, 利見大人' 升平世也, 天統也. 地球群敎, 將同奉一敎主. 地球群國, 將同奉一君主. 於時爲大一統. 於人爲知天命. '上九, 亢龍有悔'. 太平世也, 元統也. 合地球而一敎主, 一君主, 勢又孤矣. 孤故亢, 亢故悔. 悔則人人可有敎主之德, 而敎主廢. 人人可有君主之權, 而君主廢. 於時遍地爲民主. 於人爲功夫純熟, 可謂'從心所欲, 不踰矩'矣. 此外卦之順三世也.

아! 교주를 존숭하는 것이 어찌 교주의 원함이겠는가? 열악한 중생이 있은 후에 신성한 교주가 있어서 중생이 열악하다가 끝나기를 원치 않았다. 그러므로 '나도' 역시 교주가 길이 신성시되는 것을 바라지 않는다. 이것은 궁할 때를 미루어 다스리는 도리로, 반드시 무교(無敎)를 극치로 여겨야 할 것이다. 공자는 "세상에 도(道)가 있을 때, 나는 누구와도 변혁에 착수하지 않겠다"[10] 하였다. 맹자는 "내가 어찌 말 잘하는 사람이겠는가? 부득이해서 그러하다"[11] 하였다. 저 교주의 출현은 참으로 불행하면서도 어쩔 수 없었기 때문이다. 비통하고도 비통하다!

『仁學』下篇 48장: 嗚呼! 尊敎主者, 寧敎主之願也哉? 有惡劣之衆生, 而後有神聖之敎主, 不願衆生之終於惡劣, 故亦不願敎主之長爲神聖, 此推窮治理, 必以無敎爲極致矣. 孔子曰 '天下有道, 丘不與易也'. 孟子曰

---

10 『論語』「微子」.
11 『孟子』「滕文公下」.

'予豈好辯哉? 予不得已也'. 夫敎主之出現, 誠不幸而遇於不得已焉耳. 悲夫悲夫.

* 『인학』 49장

사람의 구제 이외에 사업이라고 하는 것은 없으니, 중생의 제도(濟度) 밖에 불법(佛法)은 없다. 그러나 남을 제도하는 데 먼저 자기를 제도하지 않으면, 자기의 지혜를 펴 쓰일 수 없기 때문에 남을 제도하는 방법조차 마침내 막힐 것이다. 자기를 제도할 때 또다시 중생을 버려두기 쉽다. 그때 본래의 의도와 서로 어긋나 석가모니가 말하는 "실제에서 증명해볼 때 자신만을 제도하는 이승(二乘)으로 타락하는 것"과 같을 것이다. 그렇다면 남을 먼저 제도할 것인가? 우리를 먼저 제도할 것인가? 한 몸에 비유컨대 머리를 먼저 제도할 것인가? 손을 먼저 제도할 것인가? 머리도 몸의 머리고 손도 또한 몸의 손이다. 제도한다면 한꺼번에 제도할 일이지, 선후(先後)의 구분은 없다. 만약 세속을 따라 억지로 피차(彼此)를 구분한다면, "자기를 제도하는 것은 실제로 자기를 제도하는 것이 아니다. 곧 남을 제도하는 것이다. 남을 제도하는 것은 실제로 남을 제도하는 것이 아니다. 곧 자기를 제도하는 것이다"라고 우리는 반박하여 말할 수 있다. 무엇 때문에 그렇다고 말하는가? 지금 텅빈 산속에서 수행(修行)하고 마음의 원천[心源]을 청결하게 닦는 것, 이것은 세속에서 말하는 자기를 제도하는 것이다. 그러나 마음의 원천은 자기의 원천이 아니라 일체 중생의 원천이다. 끝없는 바다와 같은 부처의 진리의 발자취는 모든 것을 포괄하는 모습이다. 마음의 원천이 일단 깨끗하면 중생이 모두 깨끗하다. 남을 제도하는 데 이보다 중요한 사실이 무엇이 있겠는가?

『仁學』下篇 49장 : 救人之外無事功, 卽度衆生之外無佛法, 然度人不
先度己, 則己之智慧不堪敷用, 而度人之術終窮; 及求度己, 又易遺棄衆
生, 顯與本旨相違, 若佛所謂證於實際, 墮落二乘矣, 然則先度人乎? 先
度己乎? 曰 : 此皆人己太分之過, 諦聽諦聽, 當如是 : 知人外無己, 己外
無人, 度人卽是度己, 度己卽是度人. 譬諸一身, 先度頭乎? 先度手乎? 頭
亦身之頭, 手亦身之手, 度卽幷度, 無所先後也. 若因世俗, 強分彼此, 則
可反言之曰 : 度己, 非度己也. 乃度人也; 度人, 非度人也, 乃度己也. 何
以言之, 今夫空山修證, 潔治心源, 此世俗所謂度己者也. 然心源非己之
源也, 一切衆生之源也. 無邊海印, 萬象森羅, 心源一潔, 衆生皆潔, 度人
孰有大於此者?

* 『인학』 50장

　모든 것은 하나로 들어가고, 하나는 모든 것으로 들어간다. 그런데
도 여전히 완전과 불완전을 어떻게 말할 수 있을 것인가? 이 때문에
부처는 "자그마한 중생 한 사람이라도 제도할 수 없다면, 부처가 될
수 없음을 나는 맹세한다" 하였다. 또 말하기를 "마침내 한 사람의
중생이라도 적멸(寂滅)하지 않는 일은 없다" 하였으니, 역시 모두를
제도함이요, 또다시 모두 제도하지 못함이다. 『역경』에서 "천하는 목
적지는 같지만 가는 길은 다르다. 한 곳에 도달하지만 생각은 백 가
지다" 하였다. 길은 다르지만 목적지는 같다거나 생각은 백 가지이지
만 한 곳에 도달한다고 말하지 않는 것은, 다른 것은 더 이상 같지
않으면서도 그 하나인 것에 피해를 보지도 않으니, 참으로 억지로 같
게 할 필요는 없다. 백 가지는 더이상 한 가지가 아니며, 그 하나인
것이 피해를 보지도 않는다. 아! 세상의 상황은 아마도 냇물의 흐름
과도 같은가 보다! 한번 지나가 영원히 합류(合流)하지 않으니, 이것은

『역경』이 건(乾, 하나의 근원적 기)에서 시작하여 미제(未濟, 미완성)로 끝
나는 까닭이다.

『仁學』下篇 50장 : 一切入一, 一入一切. 尙何盡不盡之可言哉? 是故
佛旣說"有一小衆生不得度者, 我誓不成佛" 又說"卒無有一衆生得滅度"
者, 亦盡亦不盡也.『易』言 : "天下同歸而殊途, 一致而百慮." 不言殊途
同歸, 百慮一致者, 殊則不復同, 而不害其爲同, 固不得强同之矣. 百則
不復一, 而不害其爲一, 固不得强一之矣. 噫嘻, 天下之勢, 其猶川之快
乎! 一逝而萬古不合, 此『易』之所以始乾而終末濟也.

결론

담사동 철학의 사상사적 의의

결론: 담사동 철학의 사상사적 의의

1. 인(仁)을 따라 죽다

1) 양무운동, 변법론, 그리고 변법운동

두 차례 걸친 중영전쟁(일명 아편전쟁)과 태평천국의 난 진압을 통해 서구 군사기술의 우수성을 자각한 관료들에 의하여 1860년대 중반 이후 양무운동이 시작된다. 그렇지만 일본의 대만 점령 사건으로부터 시작된 대외적 위기를 맞아 양무운동이 궁극적으로 부국강병이라는 자강의 목표를 달성할 수 없다는 인식이 번진다. 군사기술 수용 위주의 사업만으로는 근대화를 효율적으로 수행할 수 없다는 한계를 느낀 것이다.

이에 서구 정치제도(의원내각제)의 도입, 즉 제도적 개혁을 주장한 변법론이 1880년대 후반부터 나온다. 그러다가 변법론은 변법운동으로 구체화된다.

1895년 청일전쟁에서 패배한 중국은 일본과 구차한 강화조약을 체결하고 그 결과로 대만을 할애하고 거액의 배상금을 지불한다. 1897년, 러시아, 영국, 프랑스, 일본 등 열강은 약화된 중국을 더욱 압박하여 여순(旅順), 대련(大連), 위해위(威海衛), 광주(廣州) 등지를 조차지(租借地)로 분점하고, 요동, 산동, 장강 유역, 운남, 강서, 복건 등지로 세력을 확장한다. 이러한 상황에서 광동성 남해 출신 강유위와 그의 제자 양계초 등을 대표로 하는 개량주의자들은 위로부터의 개혁을 시도한다. 그들은 신문과 학회지, 또는 광서제에게 올리는 상소문 등을 통해 유신운동을 전개한다.

　　1888년 초, 강유위는 생원 신분으로 전후 5차례 광서제에게 상소문을 올렸지만 조정 신하들의 방해로 황제에 전달되지 않는다. 청일전쟁이 끝난 후 거인(擧人)의 자격으로 상경한 강유위는 다시 「응소통주전국절(應召統籌全局折)」을 지어 세계 정세에 따를 것을 권한다.

　　그런데 강유위가 국가 개조를 위하여 모색한 모델은 일본이었다. 서양을 배워서 메이지유신을 통해 개혁에 성공한 일본이 강대국의 대열에 들어갔으므로, 중국도 일본으로부터 배워야 한다고 생각한 것이다. 강유위, 양계초 등이 펼친 유신운동은 젊은 황제 광서제로부터 절대적인 지지를 얻는다. 청일전쟁 이후 광서제는 강유위를 비롯한 개혁세력들을 이용하여 자희태후(서태후)를 우두머리로 하는 구세력의 권력을 빼앗고, 친정(親政)의 장애요인인 자희태후를 제거하려고 한다. 그는 스승인 군기대신 옹동화(翁同龢) 등에게 이들과 밀접한 관계를 맺고 적극적으로 유신개혁을 추진하라고 지시한다.

2) 무술변법의 선포: 넘지 못한 서태후, 영록 그리고 원세개

　　1898년 6월 11일, 광서제는 '명정국시(明定國是)'라는 조서를 반포하고 서양의 학문을 널리 받아들여 개량주의적 유신을 적극적으로 추진한다고 선포한다. 강유위 등은 변법조령을 세상에 퍼뜨리기 시작한다. 여기에는 정치, 농업, 공업, 상업, 교육 등 구제도를 혁신하는 내용이 포함되어 있었다. 무술변법이 본격적으로 시작된 것이다.

　　처음에는 서태후도 개혁에 호의적이었다고 한다. 그렇지만 그녀는 상황이 광서제를 중심으로 전개되면서 자신의 영향력이 후퇴할 것을 우려한다. 황제를 중심으로 친정세력이 강화되면 권력을 전횡해온 자신에게 어떤 위험이 닥칠 것을 계산한 것이다. 이에 수구파 대신 영록(榮祿)과 강의(剛毅)는 변법유신의 폐지를 강력하게 건의한다.

　　그녀는 변법을 지지해온 군기대신 광서제의 스승 옹동화를 파면하고 광서제 편에서 변법을 주장해온 사람들을 잘라내기 시작한다. 광서제와 그의 지지파들로부터 인사권 또한 박탈한다. 그녀는 자기의 심복 영록을 직예총독(直隸總督) 북양대신으로 임명하여 동복상(董福祥)의 감군(甘軍), 섭사성(聶士成)의 무의군(武毅軍), 원세개가 창건한 육군을 통솔하게 한다. 또 북경성과 이화원의 금위(禁衛)를 강화하여 광서제와 그 측근이 유신파들과 접촉하는 것을 감시한다.

이에 맞서 광서제는 양계초에게 역서국(譯書局)을 맡기고, 양예(楊銳), 임욱(林旭), 유광제(劉光第), 담사동 등을 사품경에 임명하여 신정에 참여시키는 동시에 수구파들을 제거하기 시작한다. 9월 4일 예부의 회탑포(懷塔布), 허응규(許應騤) 등을 관직에서 몰아낸다. 자희태후의 심복 회탑포는 자신의 무리 20여 명과 함께 자희태후를 찾아가 황제의 무도함을 읍소한다.

이 일을 계기로 수구파의 본격적인 반격이 시작된다. 수구세력의 강한 압력을 느낀 광서제는 적절한 조치를 취하지 않으면 황제의 자리까지 위협받을 것으로 판단한다. 광서제는 유신의 지도자 강유위가 상해로 피신하여 황후의 수구파와 갈등을 완화하는 것이 좋겠다고 제안한다. 9월 18일, 황제의 밀조를 받은 강유위와 담사동은 목숨을 걸고 황상(광서제)을 지키겠다고 맹세한다.

그러나 군사력이 없는 문신들이 황제를 지킬 수 있는 방법은 없었다. 그들은 원세개에게 모든 것을 맡길 수밖에 없다는 결론에 도달한다.

허난성 항성(項城) 출신이었던 원세개는 일찍이 과거에 실패하고 태평천국을 진압하여 명성을 떨친 회군(淮軍)의 장군 오장경(吳長慶)과 이홍장(李鴻章)의 문하에서 조선 주재 총리교섭 통상대신으로 임명된 적이 있었다. 그는 청일전쟁이 발발하자 청병이 일본군을 이기지 못할 것이며, 이홍장도 결국은 세력을 잃게 될 것이라고 예리하게 판단하여 새로운 후원자를 찾기로 마음먹는다. 그는 이때부터 자희태후의 심복 영록에 주목한다. 수구파의 우두머리인 영록의 눈에 들기 위해 온갖 아부를 늘어놓던 그는 한편으로는 개혁을 지지하는 것처럼 애

매한 태도를 취하기도 한다. 광서제는 그에게 기대를 걸고 시랑으로 승진시켜 천진에서 신병을 훈련시키는 동시에 영록의 세력을 견제한 다. 원세개는 강유위 등의 유신파가 맹렬한 기세를 떨칠 때는 시세에 따라가는 척하면서 광서제를 비롯한 황제당의 지지를 얻어내려고 노력한다. 강유위와 좋은 관계를 유지하는 척하면서 강유위가 강학회를 열었을 때는 자금을 제공하기도 한다. 원세개는 황제당의 지도자 옹동라(翁同龢)와 시국의 어려움에 대해 이야기를 나누면서, 다른 한편으로는 태후당의 실력자 영록의 문전을 드나든다.

이런 상황에서 9월이 되자 광서제는 강유위의 추천으로 16일, 17일 두 차례 7천 명의 신군을 장악하고 있던 원세개를 만난다. 이에 원세개는 국정의 일신과 개혁의 불가피성을 역설하며 변법의 옹호를 천명한다. 광서제도 그에게 영록의 지휘를 받을 필요가 없다고 암시한다. 그가 시랑으로 임명된 것은 이때였으며 신병훈련을 전담하게 됨으로써 자신의 군대를 만들 수 있었다. 황제의 부름을 받고 북경에 온 원세개는 법화사(法華寺)에 거처를 정하고 황제를 만남과 동시에 수구파들과도 분주하게 접촉하면서 자희태후의 태도를 유심히 관찰한다.

북경의 형세는 개혁파들에게 매우 불리하게 돌아갔다.

9월 18일, 강유위 등은 황제를 지키기 위한 대책을 상의한다. 그들에게 수구파의 정변을 진압할 유일한 희망은 유신을 옹호했던 원세개뿐이었다. 이날 심야에 광서제의 밀조를 휴대한 담사동은 법화사로 원세개를 찾아가 만일의 사태에 황상을 구하는 방법을 상의한다. 원세개는 사태가 급박하므로 자신은 천진으로 돌아가 영록을 제압할 준비를 하겠다고 담사동에게 말한다. 그렇지만 그가 돌아간 후 원세개는 광서제는 실권이 없고 유신파는 서생들에 불과하다는 결론을 내린다.

20일 오전 황제에게 작별인사를 하고 서둘러 천진으로 돌아온 원세개는 영록에게 모든 사실을 밀고한다. 9월 21일, 수행원을 이끌고 황급히 황궁으로 돌아온 자희태후는 광서제를 궁실로 불러 크게 꾸짖고 다시 조정에 나가 수렴청정을 시작한다. 광서제를 남해영대(南海瀛臺)에 구금한 그녀는 곧바로 강유위 일파를 처단하라는 명을 내린다.

전국에 수배령이 떨어지자 강유위와 양계초는 영국인과 일본인이 도와 홍콩과 일본으로 도주하지만, 담사동은 망명의 권유를 뿌리치고 남는다. 양계초에 의하면, 그의 다짐은 이렇다.

> "가는 것이 없으면 장래를 도모할 수 없고, 죽는 사람이 있지 않으면 성주(聖主)께 보답할 방법이 없습니다."(양계초, 「담사동전」)

그는 9월 22, 23, 24일(음력 8월 7, 8, 9일) 3일간 협사(俠士)들과 황제 구하는 일을 도모하지만 끝내 일은 이루어지지 않는다. 9월 25일 마침내 체포되었는데, 체포되기 하루 전 일본 사람 여러 명이 동쪽으로 망명할 것을 권하였지만, 듣지 않는다. 아무리 강하게 권하여도 그는 듣지 않고 다음과 같이 말한다.

> "각국의 변법은 피를 흘리지 않고 이루어진 적이 없었습니다. 오늘에 이르기까지 중국에서는 피를 흘린 사람이 있었다는 이야기를 들어본 적이 없습니다. 이것이 나라가 번창하지 못한 이유입니다. 그런 사람이 있다면 이 담사동으로부터 시작되기를 청합니다."

그리고는 마침내 떠나지 않았기 때문에 난에 이른다. 28일 오후, 담사동은 만 명이 보는 앞에서 "딱 한마디만 하자"는 말도 거절된 채, 비참하게 생을 마감한다. 이때 임욱, 유광제, 강광인, 양심수(楊深秀), 양열 등도 담사동과 함께 '육군자'의 이름으로 역사의 희생양이 된다.

2. 절대 진리에 대한 회의

근대에 이르면, 이전에 추구하던 가치들이 더 이상 유효하지 않다는 상황 인식에 도달한다. 더욱이 서세동점이라는 커다란 상황 변화는 오랜 중화 중심주의 문명에 젖어 있던 중국으로 하여금 일대 인식의 전환을 요구한다. 오랜 가치관의 중심이었던 유학의 가르침 또한 새로운 삶의 방법론을 제시해주지 않으면 안 되는 단계로 넘어간다. 개인이든 국가든 그리고 사회든 새로운 존재의 이치, 방법, 길을 모색해주지 않으면 안 되는 상황을 맞은 것이다.

담사동의 사상도 이 같은 특징을 지닐 뿐만 아니라 이론과 실천에 관한 적극성을 누구보다 넉넉하게 보여주었다. 공자가 제시한 인 개념을 '소통성' 확보로 보고 존재론, 윤리론은 말할 것 없이 정치, 경제, 사회에 걸친 현안까지 모두 소통 이념의 맥락에서 접근하지 않으면 안 되는 것으로 본 것이다. 달리 말하자면, 가장 바람직한 길이란 인과 같은 생명성이 있어야 하고 그것은 유동적이면서, 변화, 변통, 관계성을 확보해야 한다는 것이다.

1840년대 초 중국은 영국과 아편전쟁을 치렀고 이후 홍수전이 이끈 태평천국의 난이 일어난다. 1851년(문종 함풍제 즉위) 태평천국기에는 종교적 평등주의, 농업공동체적 균산(均産)의 이상주의의 흐름 속에서 유교적 가르침에 대한 비판은 매우 거세지고, 양무운동기에는 왕도(王韜, 1828~1897)·마건충(馬建忠, 1844~1900)·설복성(薛福成, 1838~1894)·정관응(鄭觀應, 1841~1921) 등 초기 개량주의자들에 의하여, 1894년 청일전쟁 이후 중국 사상이 새로운 길을 모색하는데, 이 같은 상황에서 담사동의 『인학』에 내재한 의미는 '인'을 들먹거리는 사람들에게 "'인'이란 이런 것이다"라는 점을 설파하고 순교자적인 의미를 담았을 뿐만 아니라, 함풍제의 측실인 서태후가 동치제를 거쳐 광서제에 이르는 동안 정권을 휘두르는 상황에서 중국이 나아갈 '길', 삶의 양식, 제도,

가치관의 변화를 모색한 것이다. 이때 담사동이 우리에게 가르쳐준 것은 상황이 바뀌면 모든 것은 변해야 한다는 것이었다.

유교는 이론 보완의 역사이다.[1] 이는 유학적 가르침이란 본래적으로 시대와 호흡하면서 끊임없이 세상 경륜에 관한 이념 제공에 익숙해 있었다는 것이다. 이런 실학적 생명력을 표출하는 방식으로 유교는 존재의 의의를 유지하였다.

"아침에 도를 들으면 저녁에 죽더라도 좋다"[2]는 공자가 지향한 진리, 또는 급한 상황에서는 형수(兄嫂)나 제수(弟嫂)의 손목도 잡을 수 있다는 맹자의 권도 역시 시대적 소명을 제시한 훌륭한 길이었고, 송대의 주자학적 우주본원으로서의 태극이나 이(理)를 통해 자연현상을 설명하고, 이를 심성론으로 연결시켜 논의함으로써 우리가 나아갈 길은 무엇인가를 설명하는 사유의 틀도, 또한 시대가 요구하는 실천적 이론 보완의 과정이었다. 명대 양명학이나 청대의 실학도 마찬가지로 그 시대에 적합하다고 여긴 시대정신에 발현이었다. 모두 공자가 제시한 인(仁)의 도(道)가 어떻게 표출되어야 시간과 공간적 조건 속에서 적합한 것인가를 고민하고 이를 재현하는 과정이었다 할 수 있다.

이렇듯 담사동은 새로운 도(道) 인식을 통해, 유학사의 새로운 발자취를 남긴 것이다.

---

1 安炳周, 『儒敎의 民本思想』, 대동문화연구원, 1987, 11쪽 참조.
2 『論語』 「里仁」 8장.

3. 멈추어야 할 전제(專制), 가고 싶은 근대
─ 유가 대동론의 근대적 전개

당초 공자는 구세의 처방으로 인(仁)을 제시함으로써 오랜 동아시아 대표사상으로서 유가철학의 화두를 연다. 전국시대의 맹자는 이를 심성론으로 계승한다. 어려움에 빠진 상황을 차마 그냥 지나치지 못하는 마음을 철학화한 것이다. 사람이면 누구나 갖고 있는 차마 지나치지 못하는 마음은 문자 그대로 "불인지심(不忍之心)"—정확히 표현하자면 불인인지심(不忍人之心)—으로, 그 중에 으뜸은 측은지심이다. 세상의 어려운 처지를 측은하게 여기는 마음이 실천으로 이어져 어린아이가 우물에 빠진 것과 같은 위급한 상황을 구제하는 것이다. 누구나 다 보편적으로 가지고 있다고 본 이 마음에 맹자는 크게 기대를 걸었다. 잠시 우리 곁을 떠났을 뿐, 이 마음을 회복하였을 때 세상을 건질 수 있을 것으로 본 것이다. 이 세상을 건지는 일을 맹자는 정치로 파악한다. 그 정치가 바로 불인인지정(不忍人之政)이다. 누구든지 갖고 있는 "남에게 차마 하지 못하는 '사랑의' 마음"을 가지고 하는 정치가 바로, 세상에 군림할 수 있는 지름길로서 왕도정치라고 하였다. 맹자는 패도를 왕도로 바꾸어서 인(仁)과 의(義)가 먹히는 평화의 정치를 꿈꾼 것이다. 우리가 단순히 인간은 본성은 선하다고 한 성선설은 세상 평화의 가능성을 타진한 것이다.[3]

이른바 '성선설'의 근거를 "남에게 차마 하지 못하는 마음"에 두어, 이 마음의 역량을 도탄에 빠진 백성 구하는 정치에 적용할 것을 위정자에게 촉구하였는데, 이젠 담사동이 중국 근대에 공자의 인(仁)을 따라 죽은 것이다.

---

3 『孟子』「公孫丑章句上」6장 : 人皆有不忍人之心, 先王有不忍人之心, 斯有不忍人之政矣. 以不忍人之心, 行不忍人之政, 治天下 可運於掌上.

공자가 인(仁)을 제창하여 상대에 대한 무한한 배려를 통해 소통하는 사회를 만들고자 하였다면, 담사동은 시대성, 근대적 소통성을 화두로 삼아 새로운 사회를 꿈꾸었다고 할 수 있다. 그는 인(仁)을 본체계(本體界)의 차원, 만물 존재의 근원에까지 승화한다. 인간 앞에 놓인 수많은 대상 세계의 속성이나 작용적 측면과 소통하고 구시대적 막힌 상황을 변통할 것을 요구하였다. 경제·사회·외교에 걸친 전반적 변통을 시대적 당면 과제로 삼은 것이다.

그런 점에서 그의 사유를 '통(通)'의 철학, 통사상(通思想)이라 하기도 한다. 소통을 존재론, 윤리론, 정치사상, 경제사상의 차원으로까지 승화하고 실천한 매우 보기 드문 사상가라 할 수 있다.

담사동을 우리는 대동사상가라 부르기도 한다. 중국 근대에는 안으로 만연된 군주 전제 상태에 있었고, 밖으로 아편전쟁 이후 조차(租借) 등 연속적으로 외세 압박을 받아 인민은 도탄에 빠지지 않으면 안 되었다. 이 같은 상황에 유가철학 전통의 어려운 세상을 차마 놓고 보지 못하는 불인지심의 효용성을 재현하고자 하였다.

그는 대동 이상을 실현하기 위해 『인학』을 쓰고, '인'이 실현된 좋은 세상, 대동태평세를 기약하고자 하였던 것이다.

담사동의 신조로 공자는 민주주의의 선봉자다.[4] 유교 민본론의 맥락에서 민주주의를 설명하여 전제를 극복할 것을 요구한다. 재래의 삼강오륜과 같은 가치관을 평등 이념으로 대체할 것을 또한 주장한다. 붕우와 같이 평등적 가치 이념으로 닿아 있는 것을 제외하고는 삼강오륜과 같은 구질서에 더 이상 미련을 갖지 말자는 제안을 한다.

그는 양무운동 이후 소개되었던 서구의 민주제 원리에서 비롯한 평등이나 자유정신을 『인학』에서 구체적으로 언급한다. 서구 민주주의 이념을 공자의 인(仁) 이념과 본질적으로 동일한 것으로 여기고 장

---

4 『仁學』 下篇 49장 참조.

자철학의 자유정신을 새삼 부각한다.

지배권에 의해 예교화되어 인민대중의 압제 수단으로 전락했다고 본 중국 고유의 윤상, 윤리도덕은 서양의 민주질서에도 다 있으므로 서구 질서를 중국이 수용해도 무방하다는 견해를 편다. 이 점에서 담사동은 5·4시기에 나타난 전반서화론의 선구라고 평가해도 틀리지 않다.[5]

4. 신해혁명, 5·4운동 그리고 현대 신유학의 가교

중국 근대의 사상은 경험적, 물질적, 육체적인 것을 포용하고, 개인의 주체성을 존중하는 새로운 이성주의로 나간다. 이 같은 특색은 공자진이나 위원의 사상에 두드러진다. 개인의 능동성, 자율이 강조되어 주자학적 내적 합리주의보다는 바깥 세상의 물질적 대상에 관심을 기울인다. 이성을 추구하되 정감적 이성을 중시한다. 담사동의 사상도 이런 기조로 전개된다. 서구 사상 가운데 민주, 평등, 자유를 자연스럽게 중국적 가치와 연결시킨다.

우선 그는 이전 사상을 군주제의 통치원리를 기반으로 하는 것이라고 평가하고 요순시대 이후로 이렇다 할 만한 정치가 없는 것으로 여긴다. 그러면서도 만약 공자의 가르침에 해당하는 것이라면 황종희의 『명이대방록(明夷待訪錄)』, 왕선산의 『선산유서(船山遺書)』를 꼽는다. 황종희의 학문은 육상산(陸象山)과 왕양명(王陽明)으로부터 나왔고, 육상산과 왕양명의 사상은 장자 계열을 계승한 것이다. 왕선산의 사상은 주렴계와 장횡거로부터 나왔고, 주렴계(주돈이)와 장횡거(장재)의 사상 또한 맹자 사상의 흔적을 이은 것으로 평가한다.[6]

---

5 이 같은 '전반서화' 입장은 「論學者不當驕人」이나 「報貝元徵」에 두드러진다.
6 『仁學』 하편 31장 참조.

따라서 담사동은 양명학 계열의 근대 사상가이다. 그러면서 '짬뽕' 유학자이다. 유가가 아닌 도가사상가 장자를 양명학의 선구로 보고 있다. 순수 유학자가 아니라는 평가를 내릴 만하다. 앞서 이미 밝힌 바 있지만, 담사동은 불교의 영향을 받기도 하고 기독교의 영향을 받기도 한다. 이런 흔적은 『인학』에서 여실히 드러난다.

복잡다단한 현실 처방을 위한 이념적 기반을 두고 혼합주의적 경향을 띠었다고 해서 혼낼 일은 아닌 것 같다. 순수주의가 좋겠지만 어디까지 순수인지 그 경계를 알 수 있을까? 세상에 순수를 이야기할 수 있는 경우가 얼마나 될까? 궁극적으로 있지도 않은 순수를 사람들은 말하는지 모른다. 중국 근대 시대 상황은 순수를 용납하지 않았다.

이렇듯 담사동은 유가는 물론 묵가, 도가 그리고 불가와도 만난다. 비록 유가적 관심이 주가 되기는 하더라도, 순자와 한비자 같은 법가 계열은 전제주의적 강압성을 내포하고 있다고 하여 비판되고, 노자 철학은 근대적 역동성에 맞지 않다고 하여 철저히 배격되지만, 담사동은 여타의 사상을 순하게 맞이한다. 서구 사상으로 진화론이나 평등, 자유 사상의 영향을 받아 역사발전이론 내지는 민주적 변법이론의 정당성을 확보하려 하였다. 기하학, 천문학, 지리학, 생리학, 심리학 등의 자연과학이나 사회과학의 학습을 매우 중시한다.[7]

5·4시기 이후를 살펴볼 때, 신유가들은 중국의 전통 천인합일의 도덕적 본체론에 서양 관념론을 흡수한다. 변혁기에 자칫 놓쳐버릴지도 모르는 정신적 측면의 방기에 유의한다. 그리하여 중국 정신의 발현을 모색하면서 과학과 현학(玄學) 논쟁, 정신과 현상의 종합, 정신과 물질의 가치를 소통적으로 추구한다. 역시 서구 사상도 따로 떼지 않는 '아량'을 갖는다. 그렇다 할 때 담사동의 사유에는 일면 이 같은

---

7 『仁學』「仁學界說」(二十六, 二十七) 참조.

유사성을 이미 지니고 있었다. 그만큼 그의 사상은 근대에서 현대, 또는 당대로 가는 사상적 가교의 면모를 일정 부분 내포하고 있었다.

담사동은 인간의 현실로부터 문제를 파악하고 그 원리를 규정하는 작업을 진행하여 인간을 위한 고귀한 가치—평등—를 실천하는 행동가적 입장으로 생애 최후까지 일관하였다 할 때, 이 점은 중국 현대사에 커다란 분기적(分岐的) 역사 활동의 의의를 지닌다.

양계초는 『청대학술개론』에서 "담사동은 재앙을 만나 겨우 나이 서른셋에 죽었다. 몇 년만 더 살았더라면 그의 학문은 어느 경지에 도달했을지 예측할 수 없다. 단지 작은 책 한 권(『인학』)을 남겨 만장의 빛을 토해내고 홀연히 떠났지만 오랜 폐습을 한꺼번에 털어내는 힘은 무한하다. 내가 이 때문에 혜성에 비유한 것이다"라고 하였다.[8]

추용(鄒容)·장태염(章太炎)·손중산(孫中山)에서 모택동(毛澤東, 마오쩌둥)·채화삼(蔡和森) 등에 이르는 사람들이 모두 담사동의 사상을 흡수하는데, 모택동은 "이전의 담사동, 지금의 진덕수(陳獨秀)의 정신력은 굉장하다. 참으로 지금의 속학(俗學)으로 비교할 수 있는 바가 아니다"(張昆第, 『張昆第日記·1917年 9月 22日』)라고 하여 격찬하기도 하였다.[9]

한편 리쩌허우(李澤厚)는 "신해혁명과 5·4운동의 진정한 선구"라고 하면서, 그의 사상은 중국 근대 자유주의로부터 급진주의로, 개량으로부터 혁명으로의 의식 형태의 전환점이라고 평가하고 있다.[10]

---

8 梁啓超, 『淸代學術槪論』, 中華書局, 臺灣, 1978, 156~157쪽 참조.
9 中國社會科學院哲學硏究所中國哲學史硏究室, 『中國哲學史硏究』 편집부 編, 『中國近代哲學史論文集』, 天津人民出版社, 1984, 310쪽 참조.
10 李澤厚, 『中國近代思想史論』, 天津社會科學院出版社, 2004, 222쪽 참조.

부록

서기	제왕 연대	나이	담사동의 사적
1865년	同治4년	1	○ 2월 13일(양력 3월 10일) 북경 선무성(宣武城) 남쪽 난민호동(爛眠胡同)에서 태어나다.
1866년	同治5년	2	○ 태평군 완전히 실패하다. 손문(孫文) 태어나다.
1867년	同治6년	3	○ 천진(天津) 기기(機器) 제조국(製造局) 성립하다.
1868년	同治7년	4	○ 상해에서 중국교회신보(中國敎會新報) 창간되다.
1869년	同治8년	5	○ 가운데 형 사양(嗣襄)과 함께 필순재(畢蒓齋) 선생을 쫓아 독서하다. 장태염(章太炎) 태어나다.
1872년	同治11년	8	○ 한손농(韓蓀農)을 쫓아 북경 선무성 남쪽에서 그의 맏형 사태(嗣胎)와 가운데 형 사양과 함께 독서하였는데, 아침 저녁으로 외로이 글을 읽되 힘을 다하여 목이 쉬도록 하였고 틈틈이 부근의 명승지를 노닐다. 형제 간의 우의(友誼)가 매우 돈독해지다. 신보(申報)가 상해에서 창간되다.
1873년	同治12년	9	○ 고퇴호동(庫堆胡同) 유양회관(溜陽會館)에서 학업을 닦다. 양계초 출생하다.
1874년	同治13년	10	○ 그의 아버지 담계순(譚繼洵)이 호부원외랑(戶部員外郎)에 임명되어 구양중곡(歐陽中鵠)과 도대위(涂大圍)에 부탁하여 담사동에게 글 읽는 것, 수학과 자연과학의 학습, 아울러 『주역』·『예기』·『주례(周禮)』를 연독(硏讀)하도록 하다. 청(淸) 목종(穆宗) 사망, 광서제(光緒帝), 덕종(德宗) 즉위, 서태후(西太后) 여전히 집정(執政)하다.
1875년	光緒元年	11	○ 아버지 담계순이 호부랑중(戶部郎中)에 승진되어 북통주(北通州) 좌량청(坐糧廳) 감독으로 파견되자, 아버지의 부임지를 따라가다.
1876년	光緒2年	12	○ 북경에 장티푸스가 유행하여 당부인(唐夫人, 담계순의 妾, 여전히 북경 유양회관에 거주하였음)의 딸이 장티푸스를 얻자, 담사동의 생모(生母) 서씨(徐氏)가 담사동을 데리고 병문안을 가서 장티푸스를 감염시킨다. 맏형 사

서기	제왕 연대	나이	담사동의 사적
1876년	光緒2年	12	태, 가운데 누나 사숙(嗣淑)이 서로 병을 옮겨 죽었고 담사동 역시 감염되어 3일간 혼수 상태에 있다가 병이 나은 후 그의 아버지는 그의 자(字)를 부생(復生)으로 하다.
1877년	光緒3年	13	ㅇ 아버지 담계순이 감숙(甘肅) 도대(道臺)로 보수(保授)되자 아버지를 따라 고향으로 돌아와 어머니 서씨부인의 묘지를 보수하고 동향(同鄕) 소년 당재상(唐才常)과 사귀다.
1878년	光緒4年	14	ㅇ 아버지를 따라 감숙 난주(蘭州) 상임(上任)에 가다.
1879년	光緒5年	15	ㅇ 난주에서 호남 유양으로 돌아와 서계선(徐啓先)을 스승으로 삼다.
1880년	光緒6年	16	ㅇ 유양에 있다.
1881년	光緒7年	17	ㅇ 봄과 여름, 유양에 거주하고 가을에 장사(長沙)에 노닐다가 곧장 유양으로 돌아가다.
1882년	光緒8年	18	ㅇ 봄에 난주에 가다. 겨울에 호남(湖南)으로 돌아와 과거(科擧)에 응시하였으나 낙제하다.
1883년	光緒9年	19	ㅇ 봄, 난주에 가서 한 해를 전부 그곳에서 보내다. 4월 3일(양력 5월 9일) 장사(長沙) 이수용(李壽蓉)의 딸 이윤(李閏)과 결혼하다. 이 해 그의 아버지가 부임하는 곳에서 『묵자(墨子)』와 『장자(莊子)』를 연독(硏讀)하고 만리장성 안팎에 말을 달려 정신과 체력을 단련하여 기개를 함양하다. ㅇ 이 해 중국과 프랑스 전쟁 시작하다.
1884년	光緒10年	20	ㅇ 가운데 형 사양과 함께 신강(新疆) 순무(巡撫) 유금당(劉錦棠)의 막부(幕府)에 이르렀는데, 유(劉)는 담사동의 재주를 크게 기이하게 여겨 장차 조정에 천거하려 하였으나 마침 유(劉)가 어버이 봉양 때문에 벼슬을 떠난지라 뜻을 이루지 못하다. 이후 이전처럼 난주로 돌아가다. 이 해에 중국과 프랑스 전쟁이 발발하여 중국이 실패를 자인(自認)하자 마음 가득 비분하여 『치언(治言)』을 쓰다.

서기	제왕 연대	나이	담사동의 사적
1885년	光緒11年	21	ㅇ 다시 난주로부터 호남으로 돌아와 과거에 응시하였으나 또 낙제하다. 이후 10년 간 각지를 두루 노닐어 풍토(風土)를 살피고 호걸(豪傑)을 물색하다.
1886년	光緒12年	22	ㅇ 봄, 난주에 도착하여 줄곧 그곳에 머물다.
1887년	光緒13年	23	ㅇ 일 년 내내 난주에 머물다.
1888년	光緒14年	24	ㅇ 봄, 난주에 머물다. 여름에 호남을 돌아 섬서를 거쳐 용구채(龍駒寨)에 이르렀고 단(丹)을 흘러 절천(浙川)을 거치고 한수(漢水)를 흘러 노하구(老河口)에 이르러 배를 갈아타고 여전히 한수를 흘러 사양(沙陽)에 이른다. 또 배를 갈아타고 형주에 이르러 또다시 소강(溯江)에서 배를 갈아타고 태평구(太平口)를 나온다. 동정호에 배 띄워 자수(濱水)를 거쳐 상수(湘水)를 거슬러 올라가 장사에 이르렀으며 육로로 유양에 이른다. 가을, 장사에 가서 곧 유양으로 돌아오다. 겨울, 감숙으로 갔는데, 1885년 겨울 감숙으로 간 노선과 서로 같다.
1889년	光緒15年	25	ㅇ 봄, 난주에 도착하여 곧 북경으로 가다. 섬서를 거쳐 동관(潼關)을 나와 황하를 건너 산서(山西)를 거쳐가다. 여름, 북경에 도착, 북경의 향시(鄕試)에 참가하여 합격하지 못하다. 유울려(劉蔚廬) 선생, 곧 유인희(劉人熙)가 있는 곳에 이르러 배움을 줄 것을 청하였고 『선산유서(船山遺書)』·『송원학안(宋元學案)』·『명이대방록(明夷待訪錄)』 등을 두루 읽다. 이 해 가운데 형 사양이 대만에서 병으로 서거하다. 그의 아버지 담계순은 감숙(甘肅) 포정사(布政使)로 승진하고 12월 호북 순무로 승진하다.
1890년	光緒16年	26	ㅇ 아버지를 모시고 호북순무 부임지로 가서 선산학(船山學)을 진일보 연구하여 「왕지(王志)」를 쓰다. 이 외에 장지동(張之洞)이 호북(湖北)에서 진행하는 양무(洋務)를 몸소 고찰하다.
1891년	光緒17年	27	ㅇ 이 해에 사양의 유고집(遺稿輯)을 『원유당집외문초편(遠遺堂集外文初編)』이라고 함으로써 애도의 뜻을 부치다. 따로 「장자정몽참량편보주(張子正蒙參兩篇補注)」를 짓다.

서기	제왕 연대	나이	담사동의 사적
1892년	光緒18年	28	○ 이 해 내내 무창(武昌)에서 선산학설(船山學說) 연구에 파묻혀 그 그윽한 것을 밝히고 여러 서적을 널리 봄으로써 이동(異同)을 찾고 세상 변화를 절실하게 연구하여 그 쓰임을 시험삼아 보다.
1893년	光緒19年	29	○ 이 해 여름 북경에서 오초(吳樵)를 알게 되어 서양의 자연과학에 대한 진한 흥취를 갖게 되고 광학회(廣學會)의 역서(譯書)를 구입하여 새로운 지식을 탐색하다. 상해에서 선교사 존 프라이어를 만나 서학(西學) 연구에 더욱 흥취를 갖게 되었고 서학을 통해 중국을 구제하는 사고를 열게 되다.
1894년	光緒20年	30	○ 봄과 여름, 무창에 머물다. 가을 호남을 돌아 장사에 이르고 아울러 육로로 상향(湘鄕)에 가고 연수(漣水)를 찾아 흘러들고 상수(湘水)로 흘러 장사로 돌아가 육로로 유양에 이르다. 겨울에 무창으로 돌아가 「삼십자기(三十自紀)」·「유양담씨보(瀏陽譚氏譜)」를 쓰고 아울러 옛날 써놓은 글들을 정리하는 일에 착수하다. 중일(中日) 갑오전쟁 발발하여 북양해군(北洋海軍)이 패전하자 담사동은 자극받아 비분하여 과거와 결별하고 실학에 온 사고력을 다하고 노력을 기울일 것을 결심하여 이름을 '장비(壯飛)'라고 고쳐 짓는데, 이것은 그의 사상이 급속하게 전환하는 관건, 곧 유신의 노선을 개시하는 것이 되다.
1895년	光緒21年	31	○ 1월에서 2월(양력 1월 하순에서 3월 하순), 무창에 머물러 지난 일을 회고하며 구작(舊作)을 정리하면서 친구 유송부(劉淞芙)·당재상(唐才常) 등과 함께 사상과 학술을 연구하다. ○ 3월, 무창에 머물다. 여름에 유양의 산학관사(算學館事)의 일 때문에 소진동(蕭辰東)과 함께 상해에 가는데, 그 사이 안휘(安徽) 귀지(貴池)에서 황빈홍(黃賓虹)과 회견하여 변법자강의 정당성을 열정적으로 선전하다. 나중에 무창으로 돌아오다. ○ 8월 15일(양력 10월 3일) 무창에서 유양에 와 구양중곡과 공동으로 16인을 초청하여 유양산학사(瀏陽算學社)를 조직하다.

서기	제왕 연대	나이	담사동의 사적
1895년	光緒21年	31	○ 9월(양력 10월 하순에서 11월 중순) 호남 소강으로부터 상해로 내려와 경사(京師)에 노닐다. 이번의 북경 유람에서 강유위를 방문할 것을 희망하였지만 강유위가 8월 29일(양력 10월 17일) 북경을 떠나 남쪽으로 내려갔기 때문에 만나지 못하다. 양계초·오철초(吳鐵樵)와 함께 유신문제를 공동으로 연토(硏討)하고 서산(西山)을 노닐다. ○ 10월 상순(양력 11월 중순·하순) 유양에 들르다. 10월 10일(양력 11월 26일) 호남을 떠나 안휘에서 3일을 머물고 무창에 이르다. ○ 11월 중순에서 12월 중순(양력 12월 하순에서 1896년 12월 하순), 장사에서 재앙의 구제와 진무(賑務)를 다스리다. ○ 11월 중순(양력 1896년 1월초)『유양산학관장정(瀏陽算學館章程)』을 초안하여 한 방면으로 구양중곡에게 우편으로 보내고 한 방면으로는 진보잠(陳寶箴)과 강표(江標)에게 보내 의견을 교환하였는데, 구양중곡이 이 사실을 알고 즉각 진보잠에게 서신을 보내 담사동이 보낸 장정에 답변을 줄 필요가 없다고 하다. 이에 대하여 담사동은 크게 불만하였으나 구양중곡에 정황 설명을 거쳐 그만두다. ○ 12월 상순(양력 1896년 1월 중순에서 하순), 강유위가 상행에서 유송부에게 부탁하여 담사동에게『장흥학기』를 보내자, 담사동은 한 걸음 나아가 강유위의 학술사상과 정치사상을 이해하게 되다. ○ 12월 4일(양력 1896년 1월 18일) 유양으로 돌아와 구양중곡을 만나다. ○ 12월 15일(양력 1896년 1월 29일) 장사로부터 출발하여 무창으로 돌아오다. 17일 악주(岳州) 금자만(金子灣)에서 계속적으로 항해하여 호북(湖北)으로 들어가다. ○ 12월 23일(양력 1896년 2월 6일) 무창으로 돌아가다. ○ 이 해, 중일 갑오전쟁의 패배에 따라 마관조약[馬關條約, 하관조약(下關條約), 시모노세끼 조약]이 체결되자, 전 중국인이 격분하다. 강유위가 공거상서(公車上書)를 발기, 변법을 힘써 제창하고 담사동 역시 사회 개혁에 몸을 던질 것을 결심하다.

서기	제왕 연대	나이	담사동의 사적
1896년	光緖22年	32	○ 1월(양력 2월 13일에서 3월 13일), 진무(賑務)에 계속 힘쓰는 일 외에 『사위인온대단서(思緯氤氳臺短書)-보패 원징(報貝元徵0』을 완성하다. 이 사이 또한 상학보(湘學報)와 호남 강학분회(湖南强學分會)를 진지하게 주판(籌辦)하다. ○ 2월초(양력 3월14~15일) 무창으로부터 출발하여 북유 방학(北游訪學)하다. 상해에서 영국인 선교사 존 프라이어를 방문하고 아울러 서양서(西洋書)를 구입하다. 강유위를 방문하였으나, 또 강유위가 남으로 내려갔기 때문에 보지 못하다. 여름, 천진(天津)을 거쳐 영정하구(永定河口)가 터져 사람들이 각종 고통을 겪는 참상(慘狀)을 목격하고 매우 큰 자극을 받다. 북경에 이르러 이전부터 지지할 수 있었던 유신파(維新派)의 대신 옹동화(翁同龢)를 만나 외국을 향한 학습과 현실 변혁의 정당성을 선전하다. 북경에서 오안주·하증우·오계청을 알게 되어, 이로부터 불학(佛學)에 마음을 기울이다. 미국인 선교사 길버트 레이드(Gilbert Reid, 1857~1927, 중국 이름: 李佳白)을 알게 되어 '극상계(極相契)'를 조직하다. 민간조직인 '재리교(在理敎)'를 고찰하기 위하여 이 즈음 '재리교'에 가입하다. ○ 6월 18일(양력 7월 28일) 북경을 떠나 남하하다. 상해에 이르러 다시 존 프라이어를 방문하였지만 프라이어가 미국으로 옮겨가서 만나지 못하고 영국인 선교사 헨리 우드(Henry Wood)[1]가 쓰고 프라이어가 번역한 『치심면병법(治心免病法)』을 구입하여 읽고 심(心)의 근원을 깨닫게 되다. 29일 남경에 이르러 지부직(知府職) 후보(候補)와 절강(浙江) 후보에 취임하다(이 직책은 아버지와 연계되어 얻게 됨).

---

1 *Henry Wood : Ideal Suggestion through Mental Photography : a restorative system for home and private use proceeded by a study of laws of mental healing*, Boston : Lee and Shepard, 1893. 이 책의 한역자인 프라이어와 담사동은 회담하며 과학의 진보와 함께 만능으로 보이는 과학에도 한계가 있음을 깨달았다.

서기	제왕 연대	나이	담사동의 사적
1896년	光緒22年	32	○ 7월 상, 중순 남경에서 양문회(楊文會)를 알게 되어 불학(佛學)을 가르쳐줄 것을 요청하고 대량으로 불학 서적을 읽다. 7월 23일(양력 8월 31일) 남경에서 구양중곡에게 편지를 써 호남에 머물러 광업(鑛業)에 힘쓸 것을 독려하다. 7월 하순(양력 9월 상순), 남경을 출발하여 소주(蘇州)를 거쳐 상해에 이르다. 8월 상순(양력 9월 중, 하순) 상해에 머물다. 19일(양력 9월 25일) 오안주(吳雁舟)·왕강년(汪康年)·양계초(梁啓超)·송연생(宋燕生)·손보선(孫寶鍹)·호중손(胡仲巽) 등과 함께 사진을 찍고 담사동은 오안주에 긴밀히 의존하게 되다. ○ 8월 하순(양력 10월 중순) 남경에 머물다. 오안주가 상해에서 남경으로 내려와 양계초의 부탁을 전해주었는데, 담사동이 홍콩의『민보(民報)』를 위하여 문장을 쓰고 불교의 '종풍(宗風)'을 창연(暢演)하는 것을 희망한 것이다. 담사동은 건의를 받아들였지만 착수하지 않다가 1897년 봄에 이르자 곧바로 완성하여『인학(仁學)』이라는 이름을 취하다. 9월 13일(양력 10월 19일) 남경에서 무창에 이르다. ○ 9월 21일(양력 10월 27일) 무창에 머물다. 이때에 유양산학관(瀏陽算學館)의 건립 건이 좌절되고 남향매광(南鄕煤鑛)의 채굴 개시에 어려움이 발생하다. 9월 23일(양력 10월 29일) 무창에서 출발하여 장사로 가다. 9월 하순에서 10월(양력 10월 하순에서 11월), 장사와 유양 일대에 머물러 유양산학관 건립과 남향매광 채굴의 개시를 위하여 계속적으로 분주하다.『상학보(湘學報)』의 창간을 위하여 여론을 조성하다. ○ 10월 30일(양력 12월 4일) 장사에서 출발하여 무창으로 가다. 11월 2일(양력 12월 6일) 무창에 도착하다. 11월 2일에서 12월 9일(양력 12월 6일에서 1897년 1월11일) 무창에 머물며『민청보(民聽報)』의 창간을 위하여 기금의 마련을 위해 노력하였으나 성공하지 못하다. 호북에서 일대(一大) 원안(寃案)이 발생하여 관계(官界)의 허위사실이 폭로되어 담사동은 신변 보장이 되지 않자 크게 자극을 받고 매우 의분(義憤)을 느꼈지만, 전전하면서 외국인의 보호를 구하다. 12월 10일(양력 1897년 1월 12일) 무창에서 남경으로 가다.

서기	제왕 연대	나이	담사동의 사적
1896년	光緒22年	32	○ 12월 17일(양력 1897년 1월 19일) 남경에 도착하다. 유송부를 초청하여 그의 질녀 전찬(傳贊)의 스승을 삼고 신법(新法)을 다룬 서적을 요청하다. ○ 강학보(强學報)가 상해에서 출판되다. 중러밀약을 체결하여 러시아는 중국 동북(東北)에서 세력을 확장하다. 양계초, 상해에서 『시무보(時務報)』를 창간하다. 엄복(嚴復), 『천연론(天演論)』의 번역을 완성하다. 손문, 영국 런던에서 난(難)을 당하다.
1897년	光緒23年	33	○ 1월에서 2월 남경에 머물다. 이 사이에 『인학』을 완성하다. 담사동과 구양중곡의 노력 하에 유양산학관(瀏陽算學館) 마침내 문을 열다. 담계순이 남경에서 『민청보』를 간행하려 했으나 자금 상의 어려움 때문에 개시할 방법이 없다. 양문회 · 서적여(徐積余) 등과 금릉(金陵) 측량학회를 세우다. ○ 2월말(양력 4월초) 그의 아버지 담계순을 모시고 상해에 이르다. 『인학』 원고를 휴대하고 상해에서 양계초와 자리를 함께 하여 공동으로 연구하다. ○ 3월(양력 4월) 남경으로 돌아오다. 이 해 봄날 유송부의 협조하에 『동해건명씨삼십이전구학사종(東海褰冥氏三十以前舊學四種)』을 석간판(石刻版)으로 간행하다. ○ 4월 15일(양력 5월 16일) 남경으로부터 상해에 이르러 시무학당(時務學堂)을 위하여 천체(天體)의 운행을 측량하는 기계인 의기(儀器) : 혼천의(渾天儀)를 구입하다. 4월 22일(양력 5월 23일) 상해에서 남경으로 돌아오다. ○ 5월(양력 6월) 남경에 머물다. 나진옥 등 5인이 1896년 11월(양력 12월) 무농회(務農會) 조직을 발기하다. 이때 크게 지지를 보내 사람들을 이끌고 입회(入會)하고, 아울러 「농학회회우판사장정(農學會會友辦事章程)」을 쓰다. 또 『민청보』를 위하여 기금을 마련하려 하였으나 또다시 성공하지 못하다. ○ 7월초(양력 7월말, 8월초) 남경에 머물다. 서적여 등과 『광학보』를 주관하다. 「창판광학보공계(創辦礦學報公啓)」를 썼는데, 거기에 『광학보』 장정 12조를 두다. 나중에 서적여의 생각이 바뀌어 광학보는 발간되지 못하다.

서기	제왕 연대	나이	담사동의 사적
1897년	光緒23年	33	○ 8월 10일(양력 9월 6일) 남경에 머물다. 『시무보』관의 초청을 받아들여 해당 보관의 동사(董事 : 이사)를 맡다. 8월에서 9월(양력 9월에서 10월까지), 남경에 머물다. 황준헌(黃遵憲)이 이즈음 남경에 도착하여 담사동에 재촉하여 양계초·이유격(李維格)을 초청, 장사로 오게 하여 시무학당 임원을 맡겨 호남을 위하여 인재를 양성하자고 하다. ○ 9월말에서 10월 상순(양력 10월 25일에서 11월초) 상해에 도착하여 양계초·이유격이 호남에 가서 교사의(敎事宜)를 맡는 것을 구체화하다. 상해에서 강유위와 처음으로 만나다. 10월 상순에서 중순(양력 11월 상순에서 중순) 상해에서 남경에 이르다. ○ 12월 21일(양력 11월 15일) 남경에서 무창에 이르다. 12월 24일(양력 11월 18일) 무창에서 출발하여 장사에 이르다. 이번에 장사에 이른 것은 두 가지 사명이 있었는데, 하나는 성선회(盛宣懷)의 부탁을 받아 광산(礦産) 일을 처리하는 것이고 또 하나는 장지동의 분부를 받아 철로(鐵路)·윤선(輪船)의 일을 처리하는 것이었다. 12월 10일 전후(양력 1898년 1월 2일 전후) 장사에서 무창으로 돌아오다. 12월 20일에서 21일(양력 1898년 1월 12일에서 13일) 무창으로 돌아온 후, 원래는 다시 장사로 돌아가 광산일을 다루기로 하였으나 성선회가 마음이 변하여 계속 진행할 방법이 없어서 무창에서 호남으로 돌아가기로 결정하다. 12월에서 1898년 1월 중순(양력 1898년 1월 중순에서 2월 상순), 남경에 머물다.
1898년	光緒24年	34	○ 1월 19일(양력 2월 9일) 남경에서 무창으로 돌아오다. 장지동과 진보잠은 담사동과 요석광(姚錫光)을 일본에 사신으로 파견하였으나, 담사동이 늦게 도착하여 가지 못하다. 일본에 가지 못하여 매우 유감으로 생각하다. 무창에서 일본 참모부 신미광신(神尾光臣)·미천중태랑(梶川重太郎)·우도궁태랑(宇都宮太郎)을 만나다. 12월 22일(양력 2월 12일) 상무(湘撫) 진보잠의 초청을 받아들여 무창에서 장사로 가다. 1월 하순에서 중순(양력 2월 중순에서 3월 상순), 장상에서 남학회(南學會)의 관찰(觀察)을 담당하여, 『상보(湘報)』를 주필(主筆)하다.

서기	제왕 연대	나이	담사동의 사적
1898년	光緒24年	34	○ 2월 중순(양력 3월 상순에서 중순), 장사에서 유양에 이르다. 이때 유양의 여러 학회의 성립을 맞게 되어 서(序)를 쓰다. 2월 중순에서 윤3월 중순(양력 3월 중순에서 5월 상순) 장사에서 『상보』·『남학회』와 신정(新政)의 일로 비상하게 바쁘게 지내다. 담사동은 실제로 유신운동의 기둥을 이루었으나 호남의 열악한 신사(紳士)들의 거리낌을 받게 되어 그들의 공격과 협박을 받다. 그러나 담사동은 여전히 투쟁을 견지하다. ○ 윤3월 중, 하순(양력 5월 상, 중순) 유양에 도착하다. 27일, 아버지의 전보를 받고 장지동이 그를 파견하여 "호남기기제다총국(湖南機器制茶總局 : 명칭 전체는 장강기기배다공사호남성분공사(長江機器焙茶公司湖南省分公司)를 주관하게 하려는 것을 알다. ○ 4월 25일(양력 6월 13일) 광서제(光緒帝) 독무(督撫)에게 사람을 보내 만나보도록 하다. 담사동은 바로 이때 장사에서 기기(機器)로 차(茶)를 제어하는 실마리를 내다. ○ 5월 상순(양력 6월 하순) 장사에서 무창으로 가 북으로 북경에 올라가 광서제를 만나는 것으로 준비하였으나 무창에서 병을 얻어 북으로 가지 못하다. 6월 12일(양력 7월 30일) 광서제 독무(督撫)에게 담사동을 빨리 만나보라고 명령하다. 6월 16일(양력 8월 3일) 담사동은 무창에서 남경으로 가 자문(咨文)을 받고 북경으로 달려 들어가다. ○ 7월 5일(양력 8월 21일) 북경에 도착하여 유양회관에 머물다. 7월 20일(양력 9월 5일) 광서제 담사동 등 4인에게 4품의 경함(卿銜)으로 군기장경(軍機章京)에 임명하여 신정(新政)의 사무에 참여하도록 하다. 7월 하순(양력 9월 상, 중순), 의원(議院)의 개설을 주장하였는데, 강유위가 반대하다. ○ 8월 3일(양력 9월 18일), 야간에 원세개(袁世凱)를 방문하여 영록[榮祿, 1836~1903, 만주관료, 서태후 조카, 광서제 종제(從弟), 1898년 문연각대학사(文淵閣大學士), 직예총독(直隸總督)]을 살해하고 이화원(頤和園)을 포위할 것을 권하다. 원세개 영록에게 밀고하다.

서기	제왕 연대	나이	담사동의 사적
1898년	光緒24年	34	○ 8월 4일(양력 9월 19일), 강유위와 더불어 영국과 일본에 출병(出兵)하여 신정(新政)을 도와줄 것을 요구하려 계획을 세웠으나 성사되지 못하다. 8월 6일(양력 9월 21일) 서태후는 정치에 대한 훈수를 핑계로 다시 수렴청정(垂簾聽政)하다. 광서제 영대(瀛臺)에 갖히다. 8월 7일에서 9일(양력 9월 22일에서 24일), 무술에 능한 왕정의〔王正誼, 사람들은 그를 대도 왕오(大刀王五)라 부름〕와 더불어 광서제를 구출하려 하였으나 성사되지 못하다. 8월 9일(양력 9월 24일) 청죠(淸朝) 정부의 혁신 조직에 대한 체포령이 내려지다. 일본인이 재삼(再三) 북경의 동쪽을 떠나 일본으로 건너갈 것을 권하였으나 거절하다. 담사동은 자기의 유혈을 통해 사람들을 각성시킬 것을 결심한 것이다. 8월 10일(양력 9월 25일) 체포되다. 옥중에서 의의양양하게 담벼락에 시(詩)와 부(賦)를 짓다. 8월 13일(양력 9월 28일) 담사동 6인은 순난(殉難)하다.[2]

2 담사동 연보는 서의군(徐義君)의 「담사동행종록(譚嗣同行踪錄)」(『譚嗣同思想硏究』, 湖南 人民出版社, 湖南省, 1981, 221~235쪽)을 주로 참고하였다.

A. 원전(原典)

* 『經書』, 成大 大東文化研究院.
* 『道德經』, 漢文大界, 富山房.
* 『性理大全』, 保景文化社 影印本.
* 『詩經』, 明文堂.
* 『墨子』, 漢文大界, 富山房.
* 『書經集傳』, 二以會 影印.
* 『十三經注疏(七)』, 淸·嘉慶二十年重刊宋本, 大化書局.
* 『禮記』, 保景文化社. 影印本.
* 『莊子』, 漢文大界, 富山房.
* 『周易』
* 康有爲, 『康有爲全集』1, 上海古籍出版社, 上海, 1990(3版).
* 康有爲, 『孔子改制考』, 中華書局, 北京, 1988.
* 康有爲, 『大同書』, 帕米爾書店, 臺北, 1989.
* 康有爲, 『蔣貴麟』, 編, 康南海先生遺著彙刊, 宏業書局, 臺北, 1976.
* 譚嗣同, 『譚嗣同全集』, 中華書局, 北京, 1981.
* 周振甫 選注, 『譚嗣同文選注』, 中華書局, 北京, 1981.
* 戴震, 『孟子字義疏證』, 中華書局, 北京, 1982.
* 梁啓超, 『飮氷室文集』, 中華書局, 臺灣, 1978.
* 梁啓超, 『飮氷室專集』, 中華書局, 臺灣, 1978.
* 王夫之, 『張子正蒙注』, 中華書局, 北京, 1975.
* 王夫之, 『船山全書』(第一冊), 嶽麓書社, 湖南省, 1988.
* 王陽明, 『傳習錄』, 漢文大界, 富山房.
* 中國科學院 哲學硏究所, 中國哲學史組編, 『中國大同思想資料』, 中華書局, 上海, 1959. 12.
* 許愼, 『說文解字』, 中華書局 影印, 北京, 1990(11刷).

* 黄宗羲, 『黃宗羲全集』, 浙江古籍出版社, 1986.

B. 단행본

1. 중문서(中文書)

* 賈順先, 『宋明理學新探』, 四川人民出版社, 四川省, 1987.
* 姜國柱, 『中國認識論史』, 河南人民出版社, 河南省, 1989.
* 江曉原, 『"性"在古代中國』, 陝西科學技術出版社, 西安, 1988.
* 郭明 外, 『中國近代佛學思想史稿』, 巴蜀書社, 成都, 1989. 10.
* 段本洛, 『譚嗣同』, 江蘇古籍出版社, 江蘇省, 1985.
* 譚訓聰, 『淸譚復生嗣同年譜』, 臺灣商務印書館, 臺北, 1980.
* 杜石然 外, 『洋務運動與中國近代科技』, 遼寧教育出版社, 沈陽, 1991.
* 馬洪林, 『康有爲大傳』, 遼寧人民出版社, 遼寧省, 1988.
* 武原 編, 『近代的中國』, 上海人民出版社, 上海, 1983.
* 文操 輯, 湯志鈞 文, 「譚嗣同論學書札」, 『中國哲學』 4. 1980.
* 潘富恩 外, 『程顥程頤理學思想硏究』, 復旦大學出版社, 上海, 1988.
* 方立天, 『中國古代哲學問題發展史』(上·下), 中華書局, 北京, 1990.
* 范西成 外, 『中國近代工業發展史』, 陝西人民出版社, 陝西省, 1991.
* 復旦大學歷史系·復旦大學國際交流辦公室, 合編, 『儒家思想與未來社會』, 上海人民出版社, 上海, 1991.
* 上海中山學社, 主辦, 『近代中國』(1輯), 上海社會科學出版社, 上海, 1991.
* 徐義君, 『譚嗣同思想硏究』, 湖南 人民出版社, 湖南省, 1981.
* 蕭公權, 『中國政治思想史』(上下), 聯經出版社, 臺北, 1990.
* 孫長江, 「試論譚嗣同」, 『中國近代思想家硏究論文選』 中國人民大學歷史教硏室 編, 三聯書店, 北京, 1957.
* 孫長江, 「論譚嗣同」, 『歷史硏究』 1965년 第3期 所收.

* 孫春在, 『淸末的公羊思想』, 臺灣 商務印書館, 臺北, 1985.

* 梁啓超, 『淸代學術槪論』, 中華書局, 臺灣, 1978.

* 呂美頤, 『中國婦女運動』, 河南人民出版社, 河南省, 1990.

* 吳劍杰 編, 『中國近代思潮及其演進』, 武漢大學出版社, 武昌, 1989.

* 吳雲溥 外, 『中國近代經濟史話』, 江蘇人民出版社, 江蘇省, 1984.

* 吳熙劍, 『中國近代道德啓蒙』, 吉林文史出版社, 長春, 1990.

* 王德有, 『道旨論』, 齊魯書社, 濟南, 1987.

* 王樾, 『譚嗣同變法思想硏究』, 學生書局, 臺北, 1990.

* 衛藤瀋吉, 『近代中國政治史硏究』, 東京大學出版會, 東京, 1969.

* 劉笑敢, 『莊子哲學及其演變』, 中國社會科學出版社, 北京, 1987.

* 李維武, 『中國哲學思想史綱』, 巴蜀書社, 成都, 1988.

* 李澤厚, 『李澤厚集』, 黑龍江 敎育出版社, 哈爾濱, 1988. 9.

* 李澤厚, 『中國近代思想史論』, 天津社會科學院出版社, 2004.

* 李喜所, 『譚嗣同評傳』, 河南敎育出版社, 河南省, 1986.

* 林言木叔, 李喜所 主編, 『中國近代人物硏究信息』, 天津敎育出版社, 天津, 1988.

* 林載爵, 『譚嗣同』(中國歷代思想家 四八), 商務印書館, 臺北, 1977.

* 林增平 編, 『中國近代史』(上下), 湖南人民出版社, 湖南省, 1979.

* 張岱年, 『中國倫理思想硏究』, 上海人民出版社, 上海, 1989.

* 張岱年, 『中國哲學大綱』, 中國社會科學出版社, 北京, 1985.

* 張德鈞, 「譚嗣同思想述評」 『歷史硏究』 1962 第3期.

* 張立文, 『氣』, 中國人民大學出版社, 北京, 1990, 12.

* 張毓茂, 『"我自橫刀向天笑" – 爲變法舍身的思想家譚嗣同』, 理論與實踐, 中國共產黨遼寧省委員會主辦, 1980 第3期.

* 張灝 等, 『晚淸思想』, 時報文化出版企業有限公司, 臺北, 1985.

* 章開沅, 『西學東漸與自由意識』, 湖南人民出版社, 湖南省, 1988.

* 鄭鶴聲, 「論譚嗣同的變法思想及其歷史意義」, 『文史哲』, 山東大學, 1954 第9期.

* 曹錫仁 外, 『社會現代化與觀念的演進』, 貴州人民出版社, 貴州省, 1988.

* 鍾賢培, 『康有爲思想硏究』, 廣東高等敎育出版社, 廣東省, 1988.

* 曾樂山, 『中西哲學的融合』, 安徽人民出版社, 安徽省, 1991.

* 陳慶坤, 『中國近代啓蒙哲學』, 吉林大學出版社, 吉林省, 1988.

* 陳正炎 外, 『中國古代大同思想硏究』, 中華書局, 香港, 1988.

* 蔡尙思, 『中國禮敎思想史』, 中華書局, 香港, 1991.

* 肖箑父 主編, 『王夫之辨證法思想引論』, 河北人民出版社, 河北省, 1984.

* 湯志鈞, 『戊戌變法史』, 人民出版社, 北京, 1984.

* 馮契, 『中國近代哲學史』, 上海 人民出版社, 1989.

* 馮友蘭, 『中國哲學史新編』(6冊), 人民出版社, 北京, 1989.

* 皮錫瑞, 『經學歷史』, 藝文印書館, 臺北, 1987.

* 何成軒, 「佛學與中國近代哲學」, 『中國近代哲學史論文集』, 天津人民出版社, 1984.

* 夏東元, 『晚淸洋務運動硏究』, 四川人民出版社, 成都, 1985.

* 許滌新 外 主編, 『中國資本主義的萌芽』, 人民出版社, 北京, 1985.

* 侯外廬, 『中國近代哲學史』, 人民出版社, 北京, 1978.

* 侯外廬, 『中國歷代大同理想』, 科學出版社, 北京, 1959.

* 安正輝 選注, 『戴震哲學著作選注』, 中華書局, 北京, 1979.

2. 일문서(日文書)

* 高田淳, 『中國の近代と儒敎』, 紀伊國屋書店, 東京, 1981.

* 溝口雄三, 『方法としての中國』, 東京大學出版會, 東京, 1989.

* 近藤邦康・湯志鈞, 『中國近代の思想家』, 岩波書店, 東京, 1985.

* 島田虔次, 『中國に於ける近代思惟の挫折』, 筑摩書房, 1949.

* 山田慶兒, 『朱子の自然學, 岩波書店』, 東京, 1978.

* 小野川 秀美, 『淸末政治思想硏究』, みすず書房, 東京, 1969.

* 小野澤精一 外 編, 『氣の思想』, 東京大學出版會, 東京, 1978.

* 植田捷雄 外 編, 『中國外交文書辭典』(淸末篇), 學術文獻普及會, 東京, 昭和 29년.
* 野村浩一, 『中國革命の思想』, 岩波書店, 東京, 1971.
* 有田和夫, 『淸末意識構造の研究』, 汲古書院, 東京, 1984.
* 坂出祥伸, 『中國近代の思想と科學』, 同朋舍出版, 京都, 昭和 58.
* 丸山松幸, 『中國近代の革命思想』, 硏文出版, 東京, 1982.
* 橫山宏章, 『中國近代政治思想史入門』, 硏文出版, 東京, 1987.

3. 구문서(歐文書)

* Derk Bodde, *China's Cultural Tradition*, University of Pennylvania, 1957.
* Donald J. Munro, *The Concept of Man in China*, Stanford University Press, 1969.
* Ssu-yü Teng, John K. Fairbank, *China's Response to the West*, Harvard University Press, 1982.

4. 국문서(國文書)

* 安炳周, 『儒敎의 民本思想』, 大東文化硏究院, 서울, 1987.
* 李雲九, 『中國의 批判思想』, 驪江出版社, 서울, 1987.
* 秦敎勳, 『철학적 인간관 연구(I)』, 경문사, 서울, 1990.
* 민현식, 『한글본 이언 연구』, 서울대학교출판부, 2008.

C. 논문류(論文類)

1. 중문(中文)

* 林克光, 「論"大同書"」, 『中國近代思想家硏究論文選』, 北京, 三聯書店, 1957.

* 廓柏林, 「略論康有爲的哲學思想」, 『中國哲學史研究集刊』, 第一輯, 上海人民出版社, 1980.

* 邱榮擧, 「晚淸政治思想界의 彗星－譚嗣同」, 『晚淸思想』(張灝 等, 時報文化出版企業有限公司, 臺北, 1985) 所收.

* 楊國榮, 「論《仁學》的邏輯結構－譚嗣同後期哲學思想探析」, 『中國哲學史研究』 1987 4期.

* 呂彦博, 「試論康有爲的哲學思想」, 哲學史論叢(社會科學戰線編輯部 編), 吉林人民出版社, 1980.

* 中國社會科學院哲學研究所中國哲學史研究室 編, 『中國近代哲學史論文集』, 天津人民出版社, 天津, 1984.

* 馮友蘭, 「康有爲底思想」, 『中國近代思想史論文集』, 上海人民出版社, 1958.

2. 일문(日文)

* 高田淳, 「譚嗣同における "任俠"の思想－自盡の思想と精神の連續性について－」, 『東京女子大學附屬比較文化研究所紀要 25』, 1968. 6.

* 近藤邦康, 「淸末變法論と譚嗣同の思想－變法と聖人之道－」, 史學雜誌 69-6, 1960. 6.

* 吉川勝治, 「譚嗣同に於ける仁學の構造」, 『立命館文學 5』(第84號), 立命館大學人文科學研究所, 1952.

* 福島俊翁, 「譚嗣同の仁學に就て(二)」, 『禪學研究』 第43號, 花園大 禪學研究所, 1952.

* 杉山文彦, 「譚嗣同における「聖人の道」」, 『一橋研究 1-2』, 1976. 9.

* 石黒宣俊, 「「仁學」におけるえ譚嗣同の意識構造に關する試論(1) －「仁」と「以太」との相關關係をおして－」, 『愛知教育大學研究報告(人文科學) 20』, 1971. 3.

* 石黒宣俊, 「譚嗣同に於ける「日新」論について」, 『佐藤匡玄博士頌壽記念東洋學論集』, 京都, 1990.

* 折下功,「譚嗣同の思想における「仁」の意味」,『アジア研究 2-3』. 1956. 3.
* 竹內弘行,「譚嗣同の萬物一體論－以太と心力の二槪念を中心として－」,『東方學 49』, 1975, 1.
* 坂出祥伸,「譚嗣同の「以太」說」,『中國文學會紀要 第5號』, 關西大學中國文學會, 1974. 12.

3. 구문(歐文)

* Chan Sin-wai, "Buddhism and the Major Concepts in *An Exposition of Benevolence* by T'an Ssu-t'ung",『新亞學術集刊』第2期, 1979 所收.

4. 국문(國文)

* 安炳周,『仁學』, 中國古典100選, 新東亞 1980년 1월호 別冊附錄.
* 李雲九,「漢字文化圈에 있어서 男女平等意識의 變遷」,『人文科學』第23輯, 成大 人文科學硏究所, 1993.
* 金守中,『陽明學의 ‘大同’社會意識에 관한 연구』, 서울대 박사학위논문, 1991. 8.
* 尹武學,『墨家의 名學에 관한 硏究』, 成大 大學院 博士學位論文, 1992.
* 李圭成,『譚嗣同哲學의 體系와 理想』, 哲學會誌 11輯, 嶺南大.
* 李明洙,『譚嗣同의 “서로 통함”』, 首善論集 16輯, 成大 大學院, 서울, 1991.
* 李明洙,『譚嗣同의『仁學』에 나타난 地天通의 가치론』, 東洋哲學硏究 第12輯, 東洋哲學硏究會, 1991.
* 李明洙,『新民說에 나타난 梁啓超의 歷史認識』, 東洋哲學硏究 第11輯, 東洋哲學硏究會, 1990.
* 李明洙,『梁啓超의 新民說 硏究』, 成大 大學院 碩士學位論文, 서울, 1988.

* 金勝一,『清末 變法改革家 譚嗣同의 思想 構造와 原理: 그의 '衝決網羅' 佛學思想을 中心으로』, 天台學研究 제2집, 大韓佛教天台宗 天台佛教文化研究院, 2000. 9.

D. 번역본

* Chan Sin-wai (譯), *An Exposition of Benevolence*, The Chinese University, Hong Kong, 1984.
* 西順藏 外, 譯註『仁學』, 岩波書店, 東京, 1989.
* 小野和子,『淸代學術槪論』, 平凡社, 東京, 1974.
* 權德周 外,『大同書 外』, 三省出版社, 서울, 1982.
* 金敬琢,『周易』, 明文堂, 서울, 1978.
* 錢穆 著, 辛勝夏 譯,『中國歷代政治의 得失』, 博英社, 서울, 1980.
* 李聖愛,『大同書』, 民音社, 서울, 1991.
* 全海宗,『明夷待訪錄』, 三星文化文庫, 서울, 1974.
* 조성을 외,『유교사(戶川芳郞 外 著)』, 이론과 실천, 서울, 1990.
* 루링 저, 이은미 역,『중국여성』, 시그마북스, 2008.
* 아사다 지로 지음, 이주영 옮김,『창궁의 묘성』, 한경북스, 1996.

231

233

지은이 | **이명수(李明洙)**

성균관대학교 동양철학과, 동 대학원 졸업(철학박사), 민족문화추진회(한국고전번역원) 국역연수원 연수부 졸업. 퇴계학연구원 연구원, 전통문화연구회 강사와 교무위원, 전북대 인문학연구소 전임연구원, 성균관대 겸임교수 역임.

주요 연구 분야는 중국 근현대 사상과 유가철학의 현대적 모색이며, 논문으로는 양계초(梁啓超)의『新民說』연구(석사학위), 담사동(譚嗣同)『仁學』의 평등론에 관한 연구(박사학위), 맹자의 윤리사상에 나타난 인간론, 기대승(奇大升)의 학문관, 이준경(李浚慶)의 중화사상, 장자(莊子)철학과 중국 근대 담사동의 철학사유, 유가철학에 있어 욕망론 전개의 단초와 그 예(禮)의 의미, 중국 문화에 있어 시간, 공간 그리고 로컬리티의 문제, 동아시아 사유에 나타난 로컬리티의 존재와 탈근대성, 중심의 일성과 중심주의 등 다수가 있으며, 저역서로는 교수용지도서 명심보감, N세대를 위한 유교철학 에세이(공저), 공자가 들려주는 仁 이야기, 퇴계 이황이 들려주는 敬 이야기, 고봉 기대승이 들려주는 四端七情 이야기, 주돈이가 들려주는 태극 이야기, 元曉가 들려주는 한마음 이야기, 퇴계학 역주총서(공역), 논어(공역), 맹자(공역), 시경(공역) 등이 있다. 현재 부산대학교 한국민족문화연구소 HK교수로 재직하고 있다.

소통과 평등을 사유한 사상가
담사동

초판 1쇄 인쇄 2010년 5월 20일
초판 1쇄 발행 2010년 5월 31일

지은이 이명수
표지제자 路石 이준호
펴낸이 서정돈 **펴낸곳** 성균관대학교 출판부
출판부장 한상만
편 집 신철호·현상철·구남희
마케팅 장민석·송지혜
관 리 손호종·김지현

등록 1975년 5월 21일 제 1975-9호
주소 110-745 서울특별시 종로구 명륜동 3가 53
전화 02)760-1252~4 **팩스** 02)762-7452
홈페이지 press.skku.edu

ISBN 978-89-7986-847-0 94150
     978-89-7986-481-6 (세트)

* 잘못된 책은 구입한 곳에서 교환해드립니다.
* 값은 뒤표지에 있습니다.